北京市中策律师事务所
ZHONG CE LAW FIRM

外贸法律实务

出口信用保险

理赔案例

黄强　袁杰　祝琳曦
刘航宇　李曦冉／著

International Trade Legal Practice
Export Credit Insurance Claim Cases

法律出版社
LAW PRESS · CHINA
北京

图书在版编目(CIP)数据

外贸法律实务：出口信用保险理赔案例 / 黄强等著
. -- 北京：法律出版社, 2022
ISBN 978-7-5197-7238-3

Ⅰ. ①外… Ⅱ. ①黄… Ⅲ. ①对外贸易法-案例-中国②出口信用保险-理赔-案例-中国 Ⅳ. ①D922.295②F842.685

中国版本图书馆 CIP 数据核字(2022)第 200904 号

外贸法律实务:出口信用保险理赔案例
WAIMAO FALÜ SHIWU:CHUKOU XINYONG BAOXIAN LIPEI ANLI

黄 强 袁 杰 祝琳曦
刘航宇 李曦冉 著

策划编辑 朱海波
责任编辑 朱海波
装帧设计 汪奇峰

出版发行 法律出版社
编辑统筹 法律应用出版分社
责任校对 蒋 橙
责任印制 刘晓伟
经　　销 新华书店

开本 A5
印张 8.875　**字数** 280 千
版本 2022 年 12 月第 1 版
印次 2022 年 12 月第 1 次印刷
印刷 保定市中画美凯印刷有限公司

地址:北京市丰台区莲花池西里 7 号(100073)
网址:www.lawpress.com.cn
投稿邮箱:info@lawpress.com.cn
举报盗版邮箱:jbwq@lawpress.com.cn
销售电话:010-83938349
客服电话:010-83938350
咨询电话:010-63939796

书号:ISBN 978-7-5197-7238-3
定价:52.00 元
凡购买本社图书,如有印装错误,我社负责退换。电话:010-83938349

名词解释

出口商:参照《出口信用保险从业指南》一书,本书中“出口商”同样被定义为以信用条件向境外买方提供货物或服务的卖方或供应商。

境外买方:参照《出口信用保险从业指南》一书,本书中“境外买方”指与提供货物或服务的出口商归属于不同国家及地区的买方。

限额买方:指保险人批复的给予一定信用赊销额度的境外买方。

ECA:Export Credit Agency,出口信用机构,参照《出口信用保险从业指南》一书,指为出口商和银行提供出口信用保险的专门机构。

中国信保:中国出口信用保险公司,系由国家出资设立、支持中国对外经济贸易发展与合作、具有独立法人地位的国有政策性保险公司，于 2001 年 12 月 18 日正式挂牌运营，服务网络覆盖全国。

《公约》：《联合国国际货物销售合同公约》

《民法典》：《中华人民共和国民法典》

《合同法》：《中华人民共和国合同法》

《公司法》：《中华人民共和国公司法》

《民事诉讼法》：《中华人民共和国民事诉讼法》

FOB，FREE ON BOARD，离岸价、船上交货价，卖方只要将货物在指定的地点与时间交给买方指定的承运人，并办理出口清关手续，即完成交货。

DDP，DELIVERED DUTY PAID，税后交货，卖方在指定的目的地办理完进口清关手续，将在交货运输工具上尚未卸下的货物交与买方，完成交货。

LDP，LANDED DUTY PAID，完税交货价，卖方自负风险及费用，提供进口许可证，负担任何进口税捐，包括海关验关费用，及因货物进口并交付买方而须支付的任何其他捐税或费用。

EXW，EX WORKS，工厂交货，卖方负有在其所在地即车间、工厂、仓库等把备妥的货物交付给买方的责任。

CFR,COST AND FREIGHT,成本加运费,在装运港船上交货,卖方需支付将货物运至指定目的地港所需的费用。

CIF,COST INSURANCE AND FREIGHT,成本加保险费加运费,卖方除具有与 CFR 术语的相同的义务外,还要为买方办理货运保险,支付保险费。

O/A,OPEN ACCOUNT,赊销,买卖双方约定卖方先将货物交付买方,没有正式单据证明的展期信用,买方在约定的时间内付款。

D/A,DOCUMENTS AGAINST ACCEPTANCE,承兑交单,进口方只要签字承兑,确认在一定期限内支付货款,就可从托收银行取走出口装运单据,以此向承运人办理提货手续。

目　录

专题一　国际货物买卖合同的成立与生效

专题二　代理制度与合同主体确认

专题三　合同解释与合同内容确认

专题四　合同履行与损害赔偿

专题五　国际贸易术语

专题六 合同变更

专题七 债务抵销

专题八 违约责任

专题九 国际结算

专题十 信用保险保单常见问题

专题一

国际货物买卖合同的成立与生效

01

谨防交易主体“暗中”变更

国内出口商进行跨国贸易时的交易对象——境外买方，有可能是规模较大的集团公司，其关联企业众多。前期谈判和磋商时，境外买方可能使用的是集团公司中一个公司的名字，在签约时又使用了集团公司中其他公司的名字。这些公司的名称往往较为相似，国内出口商如果不够谨慎，就容易忽视其差别，往往会直接以磋商对象的名称向中国信保申请信用限额。直至境外买方发生拖欠风险需要申请保险理赔时，国内出口商才意识到限额买方和签约买方并非同一主体。本案中的国内出口商即遭遇到了此问题，导致保险理赔遇到障碍。虽然最终通过法律技术的运用，这一问题得以解决，但还是导致了理赔进程的延长。本案中的国内出口商已算幸运，但并不是所有类似案件都可以通过法律技术的运用来得到解决。鉴于此，笔者希望通过对本案的介绍和经验总结，提醒出口企业谨慎注意交易主体的问题，在签订合同时对交易主体的同一性给予更多关注。

一、案情介绍

国内出口商与境外买方 BK 集团通过邮件进行贸易磋商，磋商时 BK 集团使用的是集团公司中 BC 公司的名义。鉴于此，国内出口商向中国信保就 BC 公司申请了信用限额并得到批复。磋商完成后，在签约时，BK 集团又使用了其集团公司中 BP 公司的名义进行签约，国内出口商在签约时未能察觉到这一变动。后 BK 集团又使用 BC 公司的名义就涉案交易和国内出口商签订了补充协议。如图 1－1 所示：

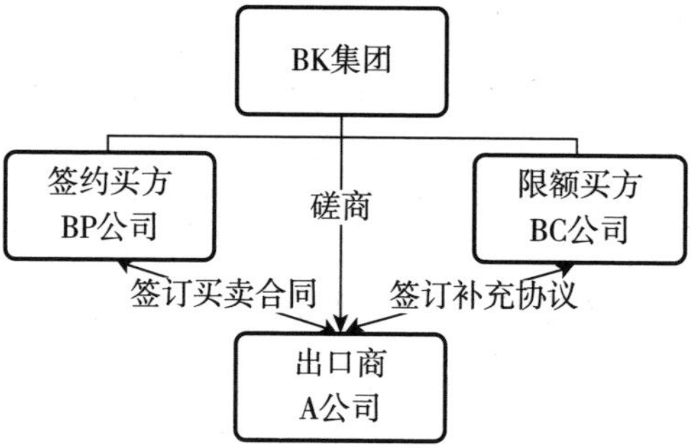

图 1－1　贸易关系示意图

国内出口商依约履行了涉案合同及补充协议项下的交货义务后,买方却未能依约付款。国内出口商向中国信保申请保险理赔时,才发现限额买方 BC 公司和合同签约买方 BP 公司是两个不同的民事法律主体。

二、案件处理过程

如上所述,因限额买方 BC 公司和合同签约买方 BP 公司是两个不同的民事法律主体,保险理赔发生障碍。此时,需要判断可否将限额买方 BC 公司认定为涉案合同的买方主体。

我们参考最高人民法院指导性案例,通过法律技术的运用解决了该问题,以下为具体法律分析过程。

(一)最高人民法院指导性案例

最高人民法院审判委员会讨论通过 2013 年 1 月 31 日发布的第 15 号指导性案例:徐工集团机械工程股份有限公司诉成都川交工贸有限责任公司等买卖合同纠纷案。判决如下:

> 川交工贸公司与川交机械公司、瑞路公司人格混同。一是三个公司人员混同。三个公司的经理、财务

负责人、出纳会计、工商手续经办人均相同，其他管理人员也存在交叉任职的情形，川交工贸公司的人事任免存在由川交机械公司决定的情形。二是三个公司业务混同。三个公司实际经营中均涉及工程机械相关业务，经销过程中存在共用销售手册、经销协议的情形；对外进行宣传时信息混同。三是三个公司财务混同。三个公司使用共同账户，以王某礼的签字作为具体用款依据，对其中的资金及支配无法证明已作区分；三个公司与徐工机械公司之间的债权债务、业绩、账务及返利均计算在川交工贸公司名下。因此，三个公司之间表征人格的因素（人员、业务、财务等）高度混同，导致各自财产无法区分，已丧失独立人格，构成人格混同。

川交机械公司、瑞路公司应当对川交工贸公司的债务承担连带清偿责任。公司人格独立是其作为法人独立承担责任的前提。《公司法》第 3 条第 1 款规定："公司是企业法人，有独立的法人财产，享有法人财产权。公司以其全部财产对公司的债务承担责任。"公司的独立财产是公司独立承担责任的物质保证，公司的独立人格也突出地表现在财产的独立上。当关联公司的财产无法区分，丧失独立人格时，就丧失了独立承担责任的基础。《公司法》第20条第3款规定："公司股东滥用公司法人独立地位和股东有限责任,逃避债务,严重损害公司债权人利益的,应当对公司债务承担连带责任。"本案中,三个公司虽在工商登记部门登记为彼此独立的企业法人,但实际上相互之间界限模糊、人格混同,其中川交工贸公司承担所有关联公司的债务却无力清偿,又使其他关联公司逃避巨额债务,严重损害了债权人的利益。上述行为违背了法人制度设立的宗旨,违背了诚实信用原则,其行为本质和危害结果与《公司法》第20条第3款规定的情形相当,故参照《公司法》第20条第3款的规定,川交机械公司、瑞路公司对川交工贸公司的债务应当承担连带清偿责任。

（二）公司人格混同理论

公司人格混同是指关联公司之间界限模糊,如资产不分、人员交叉、业务混同,甚至注册地、营业地、银行账户、电话号码等完全相同,令外界无法分清交易的对象。关联公司人格混同违背了公司法人格独立的基本原则,潜藏着公司财产被隐匿、非法转移或私吞挪用的重大隐患,严重影响公司对外清偿债务的能力。虽然现行《公司法》未对关联公司人格混同的法律后果作出明确规定，但根据最高人民法院的指导性案例，可以参照《公司法》第 20 条第 3 款对股东滥用公司独立法人地位和股东有限责任的规定“公司股东滥用公司法人独立地位和股东有限责任，逃避债务，严重损害公司债权人利益的，应当对公司债务承担连带责任”进行处理，也即关联公司之间出现人格混同，对债权人造成损害的，关联公司应当对债权人承担连带责任。

（三）公司人格混同纠纷案件中的举证责任

参照最高人民法院(2015)民二终字第 85 号判决书：“……在审理法人人格否认案件时，考虑到债权人处于信息劣势而举证困难等因素，人民法院通常会根据上述规定合理分配举证责任，在债权人用以证明股东滥用公司法人独立地位和股东有限责任的证据令人产生合理怀疑的情形下，将没有滥用的举证责任分配给被诉股东。但上述举证责任调整的前提，应是作为原告方的债权人已举出盖然性的证据证明股东存在滥用公司法人独立地位和股东有限责任的行为以及由此产生了损害的结果，而不是当然的举证责任倒置。”

在公司人格混同纠纷案件中，债权人往往难以获取关联公司存在人格混同的关键证据，关联公司具有更强的举证能力。

因此在司法实务中，只要债权人提出初步证据，能够证明关联公司存在人格混同的较大可能性，使法官产生合理怀疑的，证明不存在人格混同的举证责任就转移至关联公司一方了。若关联公司不能举证证明不存在人格混同，就要承担举证不能的不利后果。

（四）案件分析

本案中，BK 集团在一开始与国内出口商联系接洽时使用的是 BC 公司的名义，但在与国内出口商签订采购协议时又使用了 BP 公司的名义；后 BK 集团又以 BC 公司的名义与国内出口商签订了补充协议，并在补充协议上作出如下表述“鉴于双方于 2018 年 4 月 16 日签订了采购协议”，前述事实表明 BC 公司与 BP 公司在对外交往中自己都不区分各自的独立法人人格，自己都认为两公司是同一法人。以上事实能初步表明 BC 公司和 BP 公司之间存在人员混同、业务混同乃至财产混同的可能性。同时司法实务中，此类型案件对债权人的举证责任要求不高，本案中，国内出口商主张 BC 公司与 BP 公司存在人格混同，要求 BC 公司与 BP 公司就涉案采购协议项下的货物出运承担连带责任，有较大可能会得到法院的支持。

综上，BK 集团旗下的 BC 公司和 BP 公司存在关联公司人格混同的现象，依据最高人民法院的指导性案例，关联公司存在人格混同对债权人造成损失的，应对债权人承担连带责任，也即，若无相反证据，可以将限额买方 BC 公司认定为涉案合同的债务主体。

三、启示和建议

国内出口商在与境外集团公司开展贸易时，要谨防集团公司使用其集团内部不同的关联公司进行贸易磋商、签订合同。本案虽然最后通过法律技术的运用解决了相关问题，但还是给理赔带来了障碍，拖延了理赔进程；若国内企业在前期能够做到谨慎审核单证，以上问题大概率就可以避免。此外，并不是所有类似的案件都能适用关联公司人格混同的理论进行解释，本案中假如没有签订补充协议，则认定 BC 公司和 BP 公司人格混同的证据将不够充分。出口企业如果遇到类似风险，可能不得不承担相应的损失。因此，笔者希望借此案例提醒出口企业，在国际贸易中应当注意如下事项：

1. 在与境外企业进行交易时，一定要谨慎甄别具体的交易对象，审核贸易单证，防止境外企业使用不同的公司名称进行贸易磋商和签约，导致向中国信保申请的限额买方和合同签约买方不一致,进而使保险索赔遇到障碍。

2. 如果前期不够谨慎导致此类问题发生,国内出口商应当及时要求境外买方签署补充协议或变更合同主体。由于合同主体的变更涉及合同权利义务的概括转让,最好由变更前的买方主体、变更后的买方主体以及国内出口商三者共同在补充协议中签章确认。同时,相关事宜也要及时和中国信保进行沟通,按照保险合同约定履行被保险人的最大诚信义务。

02

对合同中“附条件生效条款”的思考

在国际贸易中,有的买卖合同中会设置附条件生效的条款。本文通过对一个具体案例的分析,向出口企业直观、详细地介绍附条件生效条款。希冀出口企业在贸易过程中,更加全面地考虑合同条款,从而更从容地应对类似的交易。

一、案情介绍

国内出口商与境外买方于 2020 年 1 月 15 日通过邮件往来签订了七箱货物的第一份买卖合同(以下简称原合同),原合同约定了七箱货物的规格、单价与数量，贸易术语为 FOB CHINA。后经过买卖双方的进一步磋商，对原合同进行了修改，于 2020 年 2 月 8 日通过邮件往来签订了第二份买卖合同（以下简称涉案合同），买卖双方签字盖章确认。涉案合同对原合同进行修改的主要内容如下：

1. 对涉案货物的单价进行修改，小幅上调了货物的价格；

2. 原合同的标的为七箱货物，约定 2020 年 5 月国内出口商直接发运七箱货物；涉案合同将其变更为 2020 年 5 月国内出口商发运第一箱货物，待该箱货物经境外买方确认后，境外买方将会在 2020 年 12 月前采购其他六箱货物。

2020 年 5 月，国内出口商生产了七箱货物，按照双方约定的贸易术语 FOB CHINA，应当由境外买方负责联系航运再通知国内出口商发货。但此时，境外买方失去联系，国内出口商的七箱货物最终都没有出运。

国内出口商向中国信保投保了出口前保险，中国信保签发《短期出口信用保险续转保险单明细表》，约定对被保险人国内出口商出口前保险范围为全部非信用证支付方式的出口和全部信用证支付方式的出口，出口前赔偿比例为 20%。

二、案件法律分析

考察合同变更的内容，本案国内出口商与境外买方对原合同作出了较为特别的变更，即将合同条款修改为“2020 年 5 月国内出口商发送第一箱货物，待第一箱货物经境外买方确认后，境外买方将会在 2020 年 12 月前采购总共七箱货物”。就变更后的涉案合同中买卖双方是否达成七个集装箱货物买卖合意的问题，根据我国法律进行分析的结论与根据法国法律进行分析的结果有所不同。

（一）适用中国法进行分析

《民法典》第 502 条第 1 款规定：“依法成立的合同，自成立时生效，但是法律另有规定或者当事人另有约定的除外。”第 158 条规定：“民事法律行为可以附条件，但是根据其性质不得附条件的除外。附生效条件的民事法律行为，自条件成就时生效。附解除条件的民事法律行为，自条件成就时失效。”根据上述规定，附生效条件的合同自条件成就时生效。本案中，修改后的条款为附条件生效的合同条款，所附条件为“国内出口商发送的第一箱货物经境外买方确认”，条件满足后“境外买方将会在2020年12月前采购总共七箱货物”的条款才会生效。

在约定的第一箱货物发货期即2020年5月境外买方故意不订船,忽视国内出口商发送的邮件,国内出口商通过各种方式尝试与境外买方沟通,境外买方均不予回复。依照《民法典》第159条“附条件的民事法律行为,当事人为自己的利益不正当地阻止条件成就的,视为条件已经成就;不正当地促成条件成就的,视为条件不成就”之规定,附条件的合同,一方不正当地阻止条件成就的,视为条件已经成就。同时,由于本案货物的特殊性,生产涉案货物的模具规格是由境外买方提供,且该模具是为生产涉案货物特意制作的,根据国内出口商提供的证据材料,足以证明其生产的货物经境外买方检测不予进行质量确认的可能性极小。因此,境外买方拒绝国内出口商的各种尝试沟通,同时通过不订船的不作为方式,致使国内出口商实际上无法发运第一箱货物给境外买方检测。

综合上述因素,可以合理认为境外买方的作为与不作为都是在故意阻止“国内出口商发送的第一箱货物经境外买方确认”的条件成就,按照上述法律规定,应当视为相关条件已成就,即“境外买方将会在2020年12月前采购总共七箱货物”的条款已生效。

（二）法国律师的法律意见

涉案合同约定适用法律为法国法，特摘录法国律师出具的法律意见部分内容如下：

2nd contract

第二份合同

In the second version of the contract, the article 15 was drastically changed: a first 40 feet container was foreseen for January 2020, but the quality first had to be approved, before the 7 containers for the first year would be ordered.

在合同的第二版中，第 15 条被彻底改变了：第一个 40 英尺集装箱在 2020 年 1 月出运是可以被预见到的，但质量必须首先得到认可，然后买方才会订购第一年的共七个集装箱。

After the first year the quantity for the second year would be reassessed.

第一年之后，将重新评估第二年的数量。

In the second version of the contract, the quantities are not contractual but *just informative*.

在合同的第二个版本中,数量并非合同约定,而仅是为了提供信息。

As French law applies to the contractual relations we have to consider the conclusion of a new contract as “novation” under French law: the transformation of certain clauses of the contract leads to the creation of a new legal obligation.

由于合同适用法国法律,新合同的订立应视为法国法律下的“合同变更”:合同某些条款的变更将导致新的法律义务产生。

When the second version of the contract has to be considered as binding, it will be very hard to claim before a court of law loss of profit for “cancellation of orders” as the PH had no contractual guarantee that 7 containers would actually be ordered by the debtor.

如合同的第二版被认为具有约束力,投保人将很难在法庭上就“取消订单”的索赔利润损失,因为合同中并未保证债务人实际上必须订购七个集装箱的货物。

就买卖双方是否达成七个集装箱货物买卖合意的问题，法国律师认为，如合同的第二版被认为具有约束力，投保人将很难在法庭上就“取消订单”的索赔利润损失，因为合同中并未保证债务人实际上必须订购七个集装箱的货物。并且，质量必须首先得到认可，然后买方才会订购第一年的共七个集装箱货物。基于上述分析，由于第一个集装箱货物尚未出运，货物质量能否得到买方的认可存在不确定性。因此，若无相反证据，合理认为买方并未作出2020年度一定会采购共七个集装箱货物的意思表示。

另外，法国律师也认为，在合同的第二版中，第15条被彻底改变了：第一个40英尺集装箱在2020年1月出运是可以被预见到的。也即，买卖双方对于在2020年1月出运一个集装箱货物具有预见性。因此，可以合理认为买卖双方就第一个集装箱货物的出运达成了合意，对双方均具有约束力。

三、案件处理意见

国内出口商与境外买方通过往来邮件订立了涉案合同，涉案合同有双方的签章,涉案合同已成立。鉴于涉案合同约定双方的争议解决适用法国法,根据法国律师意见,若无相反证据,可以合理认为买卖双方仅就第一个集装箱货物买卖达成了合意,其余集装箱货物买卖由于第一个集装箱货物质量能否得到买方认可存在不确定性,应尚未达成合意。

四、实务操作建议

国内出口企业在与境外买方签订买卖合同存在合同变更时,国内出口企业应当注意以下事项:

1. 国际贸易中,应当尽量避免变更合同条款。因实际需要确需进行合同变更的,应当签订书面的补充协议,切勿随意使用聊天软件、电子邮件等方式。

2. 附条件的合同条款逻辑关系较为复杂,双方在理解条款时容易产生纠纷,应当慎重使用。确需附条件的,内容应当清晰明确,避免产生歧义,最好能事先经专业律师审查,把控风险。

3. 因国际贸易跨不同法域,各国的法律规定不同,同一案件事实适用不同国家的法律进行分析,结论可能不一。订立合同前或合同履行过程中出现任何问题,应及时咨询专业人员的意见。

03

无书面合同的买卖合同关系认定

国际贸易中买卖交易频繁，买卖合同形式也多种多样。一般而言，买卖双方签订有书面买卖合同的，认定买卖合同成立与否比较容易。但在国际贸易实践中，存在不少买卖双方之间未订立书面合同的情形，在此情况下，如何认定买卖合同成立就显得尤为重要。

一、案情介绍

涉案合同的买卖双方均为在印度尼西亚注册的公司，卖方为国内出口商的关联公司。

自2016年起，买方先后向卖方订购了8单货物，应付货款金额是3, 907, 175, 000 印尼卢比,总数量是1640 件。交货日期是2016 年7 月28 日至2016 年9 月5 日,付款日期是2016 年11 月26 日至2017 年2 月8 日。2016 年7 月28 日至2016 年10 月5 日,卖方先后向买方开具了8 张发票。

卖方与买方的合作往来,均为双方业务负责人电话沟通,买卖双方达成一致意见后,卖方向买方供货,买方向卖方付款。双方基于长期合作关系,在交易时未签订书面买卖合同。

涉案货物的运输方式是先由卖方在中国的关联公司发货至印度尼西亚卖方,再由卖方委托货运代理以陆运的方式,运至印度尼西亚买方指定地址。

根据卖方出具的货物交接单可知,卖方已于2016 年7 月28 日至2016 年9 月5 日,委托货运代理将总数量为1640 件的涉案货物运至买方指定地址。

根据卖方出具的转账记录可知,2017 年2 月4 日买方向卖方付款315, 600, 000 印尼卢比;2017 年2 月24 日,买方向卖方付款1, 054, 039, 750 印尼卢比;2017 年3 月7 日,买方向卖方付款793, 925, 000 印尼卢比。另根据卖方出具的委托事项明细表可知,2016 年11 月26 日前,买方向卖方付款426, 304, 000 印尼卢比。因此,买方向卖方付款总额是2, 589, 868, 750 印尼卢比。

根据卖方出具的发票和转账记录可知，卖方已收货款为3,907,175,000印尼卢比，买方未付货款为891,002,250印尼卢比。

二、案件法律分析

（一）没有书面合同，合同能否成立

《民法典》第464条第1款规定："合同是民事主体之间设立、变更、终止民事法律关系的协议。"合同在本质上属于合意，是当事人意思表示一致的产物。合同的成立须包含两个要素：第一，须存在双方或多方当事人；第二，当事人意思表示一致，即达成合意。① 当然，合同成立，离不开合同成立的形式。《民法典》第469条规定："当事人订立合同，可以采用书面形式、口头形式或者其他形式。书面形式，是合同书、信件、电报、电传、传真等可以有形地表现所载内容的形式。以电子数据交换、电子邮件等方式能够有形地表现所载内容，并可以随时调取查用的数据电文，视为书面形式。"口头形式，是指当事人以语言为意思表示订立的合同。其他形式，是指当事人未采用书面形式和口头形式，未明确表示订立合同的合意，但根据当事人的行为或特定情形推定合同的成立。

① 参见马俊驹、余延满：《民法原论》，法律出版社2010年版，第514页。

《民法典》第 471 条规定:“当事人订立合同,可以采取要约、承诺方式或者其他方式。”要约,是指缔约人一方以缔结合同为目的向对方当事人所作的意思表示。要约的构成要件包括:其一,要约是特定人的意思表示;其二,要约是以缔结合同为目的的意思表示;其三,要约是向受要约人所作的意思表示;其四,要约须表明受要约人承诺,要约人即受该意思表示约束。[①]承诺,是指受要约人向要约人作出对要约的内容表示同意并愿意与要约人缔结合同的意思表示。承诺的构成要件包括:其一,承诺必须由受要约人向要约人作出;其二,承诺必须是对要约明确表示同意的意思表示;其三,承诺的内容须不能对要约的内容作出实质性的变更;其四,承诺应在要约有效期间内作出。[②]

本案中,基于买卖双方长期合作的习惯,买卖双方业务负责人电话沟通,买卖双方达成一致意见后,即表明卖方发出供货的意思表示,买方发出付款的意思表示,即卖方与买方订立了口头买卖合同,并未签订书面买卖合同。《民法典》第 469 条第 1 款规定:“当事人订立合同,可以采用书面形式、口头形式或者其他形式。”口头买卖合同也是买卖合同的合法形式,可以作为认定双方买卖合同关系成立的依据。

---

① 参见马俊驹、余延满:《民法原论》,法律出版社 2010 年版,第 516 ~ 517 页。
② 参见马俊驹、余延满:《民法原论》,法律出版社 2010 年版,第 526 页。

根据卖方出具的货物交接单可知，买方已经按时收到全部货物。又根据中国信保委托境外买方所在地的境外渠道所作调查报告可知，卖方委托的货运代理公司工作人员表示涉案货物已经运至买方指定地址，并且确认了货物交接单的真实性。货运代理公司作为与本案无利害关系的第三方，其证明力高于买方单方出具的文件，现有证据足以构成证明买方已经收货的优势证据。同时，买方并未在合理期限内提出涉案货物存在质量问题和数量问题，视为接受涉案货物质量与数量，可以推断出卖方已经按时、足额地履行了发货义务。

（二）当事人一方已经履行主要义务，对方接受的，合同成立

《民法典》第 490 条第 2 款规定："法律、行政法规规定或者当事人约定合同应当采用书面形式订立，当事人未采用书面形式但是一方已经履行主要义务，对方接受时，该合同成立。"

本案中，根据卖方出具的转账记录可知，买方分别于 2017 年 2 月 4 日、2017 年 2 月 24 日和 2017 年 3 月 7 日通过银行转账，向卖方共支付 2, 589, 868, 750 印尼卢比，付款日期与涉案货物的付款期间相吻合。该付款行为可以推断出买方接受卖方提供涉案货物的质量与数量。本案中，虽然卖方与买方未就涉案

货物的买卖达成书面合同,但是买方付款的行为即表明其已经履行了主要义务,且卖方接受买方的付款,该付款行为进一步佐证了卖方与买方形成了以口头协议达成合同的交易惯例,买方已经履行了合同的主要义务。

前述事实相互印证,已经形成一条较为完整的证据链条,足以构成用以证明卖方与买方的买卖合同成立的优势证据。在有优势证据的情况下,买方要否认与卖方的买卖合同不成立,需要提供证明其付款行为并非针对涉案货物的证据,否则应当作出对其不利的推定。

本案已形成证明卖方与买方的买卖合同成立的优势证据,买方如不能提供证明其付款行为并非针对涉案货物的证据,应当推定卖方与买方的买卖合同成立。

三、案件处理意见

本案材料已形成证明卖方已经完全履行合同的优势证据,在无相反证据的情况下,应当推定卖方依法享有对买方的债权。依据《民法典》第 626 条“买受人应当按照约定的数额和支付方式支付价款。对价款的数额和支付方式没有约定或者约定不明确的,适用本法第五百一十条、第五百一十一条第二项和第五项的规定"之规定,买方负有向卖方支付涉案合同项下货款的义务。

本案买方未付合同项下全部货款已构成拖欠货款,按照《保险条款》第 2 条之规定,"保险人对被保险人在保单有效期内产生的适保业务,因下列风险引起的直接损失,按本保单约定承担保险责任:(一)商业风险　1. 买方破产或无力偿付债务;2. 买方拖欠货款"。本案中,卖方对买方享有合法有效的债权,但卖方未实际收到涉案尾款,买方已经构成事实上的拖欠货款,该商业风险属于中国信保的承保风险。若无相反证据,中国信保应当按照保单约定向卖方承担相应的保险责任。

四、实务操作建议

从以上案例中我们可以看出,在国际货物买卖合同中,买卖双方可能因为有较多历史交易,或因彼此比较熟悉等原因,导致合同签订的不规范。有的卖方与买方之间仅通过电话、聊天软件或者电子邮件等方式进行沟通,导致事后难以留存证据。若买卖双方未签订书面合同,在发生买方欠付货款的情况时,很容易因为缺乏证明双方存在交易合意的证据,而使卖方处于不利地位。因此,在国际贸易中,我们建议买卖双方注意以下风险并采取相应的风险防范措施:

1. 买卖双方应当订立书面合同。

实务中，买卖双方为交易简便或基于长期合作的关系，往往忽略签订书面合同，从而导致在双方发生争议时各执一词，在诉讼时承担举证责任的一方会因证据不足而面临败诉风险。从证据角度考虑，订立合同应当重视采用完备的书面形式。在国际贸易中，由于卖方与买方不在同一个国家，彼此的联系不会特别密切，双方之间的信任不足。另外，国际政治经济形势变化，也容易导致部分企业无法正常履约，一些企业就会利用贸易文件上的瑕疵来逃避履行义务。因此，完备的书面合同对于保证交易安全以及维系客户之间的长久关系，显得尤为重要。建议卖方与买方签署一式多份的书面合同，保持多份合同内容的完全一致并妥善保存。

2. 买卖双方应尽量保留单据等书面证据。

在国际贸易中，买卖双方通过聊天软件、电子邮件的方式进行沟通比较常见。一方面，电子化的方式方便快捷，可以让买卖双方高效便利地进行磋商谈判，达成交易合意。但另一方面，电子化的沟通也容易导致证据保存不够充分，如聊天记录丢失、邮件因员工离职或服务器升级删除等。因此，合同当事人还应当做好交易文件的档案管理，做好相关交货单据、结算单据和债权单据等的保存工作。其中，交货单据包括但不限于送货单、接货单等；结算单据包括但不限于结算单、发票等；债权单据包括但不限于对账确认函、债权确认书等。需要说明的是,即使有上述单据,也不必然能证明双方存在合同关系,需要结合当事人之间的交易习惯、交易方式及其他证据予以相互印证。一般情况下,一方以债权单据来证明双方买卖合同关系,另一方又没有相反证据推翻的,可以认定双方存在买卖合同关系。故债权单据的效力往往高于交货单据和结算单据。

3. 买卖双方应当进行合同标准化建设。

国际货物买卖合同,要尽可能使用制式的、较为完备的标准化合同模板。如果在具体交易中不宜使用制式模板的,最好将合同条款与模板条款进行逐条比对,检查是否有实质性的差异。重点审查如合同主体是否合法、付款节点设置是否合理、是否有不可抗力的约定、违约责任的约定是否合理、交货期限、权利义务的分配等。合同标准化建设的过程一般较为复杂,需要企业先根据其从事的经营领域拟定特定的合同条款,并进行整理分类;再由企业聘请有经验的专业律师,在了解企业业务特点的基础上对合同范本进行修订、完善,形成适应企业自身特点的制式合同;以后每年根据业务部门的反馈、实践中遇到的新问题不断进行完善和修订,最终形成标准化合同模板的动态管理体系。合同标准化建设是企业加强内控管理的有效方式之一,可以大大降低企业在国际贸易中的经营风险。

04

冒名订立合同的合同主体确定

外贸实务中，出口企业通常通过电话、电子邮件方式联络，在新型冠状病毒肺炎疫情肆虐全球之际，面对面的交流基本上断绝。这无形中给“李鬼”冒充“李逵”创造了条件。本文分享的实务案例即境外C公司冒用境外E公司的名义同国内出口商签订订单。被拖欠货款后，国内出口商向境外E公司催款时，才发现境外E公司不是真正的买方。本文拟就该种情形下的合同责任承担问题展开分析，并借以提示出口商在与境外买方签约时应当注意的风险点。

一、案情介绍

2018年6月23日，国内出口商同E公司订立编号为NHWW17029的销售合同（以下简称涉案合同），涉案合同约定：装运日期MID JULY，2018（2018年7月中旬），目的港为DOGUBAYAZIT AGRI-TURKEY（土耳其多乌巴亚泽特），付款条件为T/T 20% IN ADVANCE & BALANCE 80% ON RECEIPT OF B/L COPY（电汇，预付款20%，收到提单副本支付80%余款），约定付款人为C公司，贸易术语为CFR。出口商出具的商业发票金额为57，200美元。具体关系如图4－1所示：

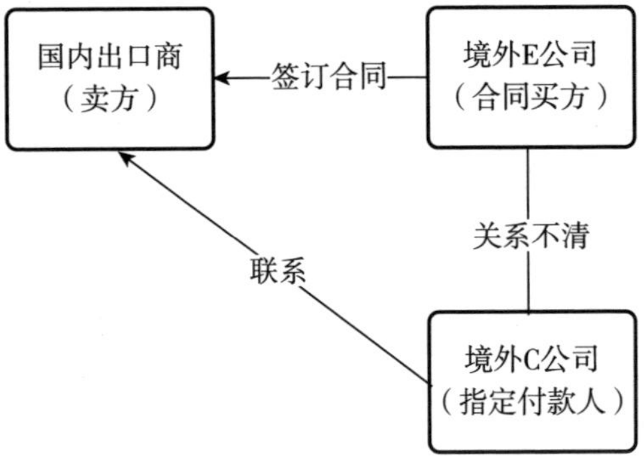

图4－1　贸易关系示意图

2018 年 7 月 21 日，出口商将涉案合同项下的货物交付给承运人，提单载明的目的港为 BANDAR ABBAS SHAHID RAJAEE PORT, PERSIAN GULF, IRAN（伊朗波斯湾阿巴斯沙希德拉贾耶港）。后续，涉案合同约定的付款人 C 公司提走涉案合同项下的货物，并安排从伊拉克清关。

按照涉案合同约定，付款人 C 公司支付了涉案合同预付款 11,845 美元。2019 年 4 月 11 日，付款人 C 公司又支付 22,677.6 美元，但未支付剩余的货款。在国内出口商向 E 公司和付款人 C 公司催讨货款的过程中，E 公司的所有人否认发生涉案合同项下的交易。C 公司的所有人承认涉案合同项下的交易，并确认剩余合同债务，但拒绝解释为何涉案合同文件载明的买方系 E 公司。

二、案件法律分析

结合上述事实，本案中，涉案合同的买方 E 公司否认与国内出口商的合同关系，国内出口商与 E 公司之间的涉案贸易是否真实存疑。国内出口商虽然在中国信保投保了短期出口信用保险，但保险条款明确约定“真实、合法的货物出口或服务出口”才属于适保范围，只有证明国内出口商与 E 公司或者其他主体成立买卖合同关系才能进入承担保险责任的讨论范围。因此,下文就国内出口商与E公司或者其他主体成立买卖合同关系展开具体的分析。

根据国内出口商的陈述——“我们的直接联系人是C公司,客户下单指示我们合同买方写谁我们就写谁,只要对方同样接受合同并签章就可以生效”,涉案贸易的联系人系C公司,在通过邮件回签订立的涉案过程中,C公司在书面的货物销售合同中以E公司名义同出口商签订。也即,C公司代E公司与国内出口商完成了涉案贸易交易的磋商、涉案合同签订等,从表面上看,C公司的身份是E公司的代理人。按照《民法总则》第162条、《民法通则》第63条的相关规定,被代理人对代理人的代理行为,应承担民事责任。(现《民法典》第162条)若C公司的身份是E公司的代理人,那么,代理人C公司同国内出口商签订的涉案合同可以直接约定被代理人E公司,本案项下E公司应承担涉案合同的付款义务。

但是,根据保险公司海外调查,E公司称其对涉案贸易并不知情,从未听说过国内出口商。同时,联系人C公司拒绝解释其在涉案合同项下与E公司具体是何种关系,也未提供材料证明E公司曾授权其代为处理与国内出口商订立涉案合同事宜。所以,现有证据材料下应认定C公司未曾获得E公司有关代为处理与国内出口商订立涉案合同事宜的授权。根据民法相关规定，没有代理权、超越代理权或者代理权终止后的行为，只有经过被代理人的追认，被代理人才承担民事责任。由此，在E公司拒绝追认C公司代其与国内出口商订立涉案合同的情况下，E公司应不承担涉案合同下的民事责任。

另外，C公司作为本案的联系人和约定付款人，一直按照涉案合同约定支付货款。在被代理人E公司否认交易的情况下，C公司依然对国内出口商回函，确认本案的贸易事实和债务金额，且C公司目前实际控制货物，具体表现：

1. 付款情况：涉案合同约定的付款人为联系人C公司，付款条件为T/T 20% IN ADVANCE & BALANCE 80% ON RECEIPT OF B/L COPY（电汇，预付款20%，收到提单副本支付80%余款）。2018年7月12日，C公司支付预付款11,845美元；2018年9月11日，C公司又支付尾款45,355美元，由于政策原因该笔尾款于2018年9月26日原路退回。可见C公司一直按照涉案合同约定付款，且有付款的意愿，仅是由于客观原因导致尾款未支付成功。

2. 货物情况：C公司的所有人表示C公司目前正控制货物，并寻找下家处置货物。从联系人C公司自己的陈述来看，目前仍由C公司控制着涉案货物。

3. 债务情况：C 公司的所有人也承认涉案合同项下的交易，并确认剩余合同债务金额。2019 年 4 月 11 日，C 公司又向出口商支付 22,677.6 美元，其表示剩余金额在公司经营状况变好后支付。可见，在 E 公司否认债务的情形下，联系人 C 公司仍认可本案项下的贸易事实，并确认了剩余债务金额。

综合联系人 C 公司持续支付货款、控制货物及承认债务的上述事实，C 公司虽然使用 E 公司的名义订立的涉案合同，但涉案合同的货款支付与货物处置的买方主要义务都是由 C 公司履行。C 公司的行为实际上已经超出了一般意义上的代理，C 公司完全是在为自己的利益计算，而非为被代理人 E 公司的利益从事贸易。所以，C 公司为自己利益计算使用 E 公司名义同出口商缔结的涉案买卖合同关系，应在 C 公司与出口商之间产生约束力。联系人 C 公司应承担合同责任，国内出口商有权请求 C 公司履行合同债务。

三、案件处理意见

由于国际环境复杂多变，不同国家的不同企业其经营状况各不相同，虽然出口信用保险属于政策性的保险险种，但保险人依然需要控制好承保风险。信用限额作为保险人控制承保风险的重要手段,即针对特定的境外买方给予一定的“支付方式 + 期限 + 金额”的限制。按照保单约定,被保险人应就本保单约定保险范围内的出口涉及的每一买方向保险人书面申请信用限额。待保险人批复的信用限额生效后,被保险人才可以向该特定买方出口,否则,如果被保险人未在出口前获得信用限额或信用限额已失效或被撤销,保险人对相应出口不承担赔偿责任。

当然,经常可以看到,在保险公司提供的《短期出口信用保险续转保险单明细表》中有如下批注条款:“被保险人向未批复信用限额的买方出口或者在未批复信用限额的特定信用证项下的出口,如发生保险责任范围内的损失,在符合最高赔偿限额约定的前提下,保险人按照核定损失金额与自行掌握限额从低原则确定赔付基数,赔偿额应按《保险单明细表》列明的赔偿比例计算。”也即,对于被保险人向未批复信用限额的买方出口,保险公司将按照保单约定的被保险人自行掌握限额承担相应的保险责任。上述批注通常都是在保险单明细表中载明,属于保险公司和被保险人的特别约定,并非所有的保险合同均具备。对于信用限额与自行掌握限额的区分,可参考图 4 – 2:

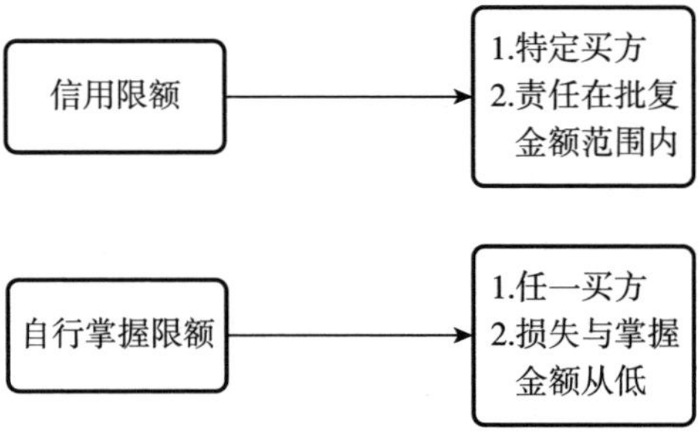

图 4－2　信用限额与自行掌握限额对比

本案若是适用信用限额制度,保险公司信用限额批复给的是合同买方 E 公司,自然不适用于 C 公司。按照前文分析,出口商虽然有权请求 C 公司履行合同债务,但国内出口商与合同买方 E 公司之间的买卖合同关系不成立。因此,国内出口商可能难以向保险公司主张承担保险责任。但本案保险单明细表中批注了自行掌握限额条款,虽然 E 公司不承担涉案合同的民事责任,但债务主体 C 公司可以作为未批复信用限额的买方,国内出口商向其出口货物符合自行掌握限额的情形。所以,国内出口商可以按照上述保单约定请求中国信保对发生的保险责任范围内的损失,按被保险人自行掌握限额情形承担保险责任。

四、实务操作建议

从上述案例可以看出,联系人完全系冒用买方的名义与国内出口商达成交易。在此种情形下,境外联系人可能是因为第三方在中国信保等保险机构资信状况好,可以顺利申请到信用限额以积极促成贸易。当然也有另一种可能,境外联系人很可能虚假使用第三方的名义,伪造第三方公司签章签署销售合同,其目的就是让出口商相信以第三方的名义可以投保,降低货款拖欠的风险。但即使办理了保险,一旦出现境外买方不付款的情形,中国信保向第三方确认情形时,第三方否认交易,则一样导致理赔困难。本案中,虽然保险公司最终按被保险人自行掌握限额情形承担了保险责任,但相较于批复信用限额而言,出口同样一批货物,在发生承保风险后,被保险人按自行掌握限额获得的保险赔偿金明显较低。

因此,对于出口企业而言,在进行国际贸易过程中,应注意核实境外联系人的身份,核实限额买方对于涉案贸易是否知晓和同意。具体核实的内容,包括但不限于以下几个方面:

1. 通过电子邮件形式签署合同时,须注意业务人员的电子邮箱是否为限额买方的企业邮箱,是否是其公司名称作为后缀,注意在对方邮件的签名页部分,是否有其公司的信息。

2. 查询限额买方的官方网站,比对联系人提供的收货人地址、电话与官网所载信息是否完全一致。如只是相似,不可轻信。

3. 另外，比对交易产品是否与限额买方的主营业务相关，如果相差太远，则要更加慎重核实，谨防欺诈。

4. 尽可能通过限额买方官方网站的联系方式，逆向核实业务人员是否为限额买方的员工，是否拥有对外签约的授权，能否代表公司作出意思表示等。

专题二

代理制度与合同主体确认

05

关注出口商员工的对外代表权限

在国际贸易中，国内出口商多由公司业务人员与买方展开接触与谈判。实践中，该种职务代理行为容易产生超越代理权限的责任问题，在符合法律规定的表见代理制度时，国内出口商仍然需要对外承担相应的责任。因此，企业有必要对公司内部业务人员的对外行为进行规范，对内建立起完善的业务管理规定，对外明确业务人员的具体权限，以防止可能产生的表见代理责任。

一、案情介绍

2018 年 6 月至 2019 年 2 月，国内出口商 A 公司与境外买方 B 公司订立了三份关于机顶盒的销售合同，A 公司分批次将销售合同项下的货物，按照约定交付给承运人。相应地，A 公司向 B 公司出具了三份商业发票，发票总金额为 599,840 欧元。后续，B 公司支付销售合同项下货款共计 238,440 欧元，剩余未付尾款共计 361,400 欧元。

B 公司拖欠尾款后，A 公司遂向中国信保报损。当中国信保海外渠道联系 B 公司时，B 公司提出由于 A 公司未能按照要求向 B 公司的下游买方 C 公司提供技术支持，导致 B 公司与下游买方 C 公司存在贸易争议。鉴于此，A 公司同 B 公司达成和解，A 公司向 B 公司出具“Statement for delayed O/A Payment”（延迟 O/A 付款声明，以下简称《声明》），《声明》明确约定：剩余未付货款中止付款，直至 C 公司的技术服务问题得到解决。

对于 B 公司的抗辩，A 公司回应称：关于 2019 年 6 月签署的《声明》，系 A 公司业务人员 D 在展会期间向 B 公司催促超期欠款时，由于 B 公司坚持要求写一个同意 Split Payment（分期付款）的声明作为部分付款的条件，由于急着想让 B 公司付款，员工 D 自己临时写了《声明》，并伪造了签名盖章。《声明》应该是员工 D 迫于追款情形下的个人行为，非 A 公司行为，对 A 公司不具有约束力。

二、案件法律分析

如上所述,境外买方抗辩其与 A 公司达成了《声明》,本案项下的尾款的付款条件仍未成就。但是 A 公司主张《声明》系公司员工个人行为,对其不具有拘束力。A 公司已经履行完毕涉案形式发票项下的合同义务,B 公司应当向其支付剩余的合同尾款。因此,对于合同尾款支付问题,根源于买卖双方对《声明》能否约束 A 公司、是否阻断了境外买方支付尾款的义务存在争议。故在本案中,应重点审核境外买方所提供的《声明》的法律约束力,对《声明》能否阻断境外买方支付尾款展开分析。

根据 A 公司与 B 公司的往来沟通邮件,A 公司称"由于急着想让买方付款,员工 D 自己临时写了 Statement(声明),并伪造了签名盖章,该签署文件应该是员工 D 迫于追款情形下的个人行为,非公司行为"。也即,根据 A 公司的观点,员工 D 对外签署《声明》系伪造公司签章,未获得公司的授权,应依据《合同法》第 48 条第 1 款"行为人没有代理权、超越代理权或者代理权终止后以被代理人名义订立的合同,未经被代理人追认,对被代理人不发生效力,由行为人承担责任"(现《民法典》第 171 条)之规定,行为人没有代理权而以被代理人名义订立的合同,未经被代理人追认,对被代理人不发生效力。本案中,员工 D 事先未获得对外签署合同的代理权限,其向境外买方出具的《声明》未经 A 公司追认,对 A 公司不应发生效力,由员工 D 自行承担责任。

但是,《民法总则》第 172 条规定:“行为人没有代理权、超越代理权或者代理权终止后,仍然实施代理行为,相对人有理由相信行为人有代理权的,代理行为有效。”《合同法》第 49 条规定:“行为人没有代理权、超越代理权或者代理权终止后以被代理人名义订立合同,相对人有理由相信行为人有代理权的,该代理行为有效。”(现《民法典》第 172 条)上述条文即法律关于表见代理制度的规定,即在无权代理的情况下,相对人有理由相信行为人有代理权的,该代理行为有效。本案中,若符合法律规定的表见代理的特征,员工 D 的无权代理行为对于 A 公司具有约束力。

《最高人民法院关于当前形势下审理民商事合同纠纷案件若干问题的指导意见》第 13 条规定:“合同法第四十九条规定的表见代理制度不仅要求代理人的无权代理行为在客观上形成具有代理权的表象,而且要求相对人在主观上善意且无过失地相信行为人有代理权。合同相对人主张构成表见代理的,应当承担举证责任,不仅应当举证证明代理行为存在诸如合同书、公章、印鉴等有权代理的客观表象形式要素，而且应当证明其善意且无过失地相信行为人具有代理权。”据此，表见代理的构成要件有二：一是代理人的无权代理行为在客观上形成具有代理权的表象，二是相对人在主观上善意且无过失地相信行为人有代理权。

本案中，员工D的无权代理行为在客观上已经形成具有代理权的表象，理由包括：其一，根据A公司和B公司的往来邮件，员工D为A公司的海外业务员，本案中具体负责与境外买方进行业务沟通、订单进度跟进及落实回款，与境外买方沟通如何支付尾款本是其工作职责之一。其二，从A公司提供的邮件材料来看，《声明》是员工D通过公司域名后缀邮箱发送给境外买方的。在此之前，员工D于2018年11月至12月均是通过同一邮箱与境外买方沟通订舱发运事宜。员工D出具《声明》应是在履行其工作职责。此外，在2019年6月签署《声明》后，员工D仍然在与境外买方沟通提供技术支持服务的事宜。员工D一直在按照A公司的指示履行其本职工作。因此，对于境外买方而言，境外买方有理由相信员工D有权以A公司的名义对外出具《声明》。

境外买方在主观上善意且无过失地相信员工D有代理权，理由包括：其一，按照一般人的认知，很难对员工的工作职责行为，作出员工与公司为各自独立的民事主体的判断。本案中，《声明》系员工 D 在新加坡展会期间向境外买方催促货款时出具的，从境外买方角度来看，难以区分是员工 D 的行为，还是 A 公司的行为。其二，关于《声明》印章的真伪问题，该签章与涉案形式发票上 A 公司的签章并无重大区别，就常理而言，境外买方无法分辨《声明》印章的真伪，其已经尽到合理的注意义务。

因此，现有证据下倾向于判断本案员工 D 的无权代理行为在客观上已经形成具有代理权的表象，且境外买方在主观上善意且无过失地相信员工 D 有代理权，符合法律规定的表见代理构成要件。依据《民法总则》第 172 条和《合同法》第 49 条（现《民法典》第 172 条）之规定，员工 D 出具《声明》的代理行为有效，对 A 公司具有法律约束力。

综上，A 公司员工 D 的无权代理行为在客观上已经形成具有代理权的表象，且境外买方在主观上善意且无过失地相信员工 D 有代理权，符合法律规定的表见代理构成要件。故员工 D 出具《声明》的代理行为有效，对 A 公司具有法律约束力。按照《声明》约定，A 公司仍应继续协助境外买方解决其与下游买方 C 公司之间的贸易纠纷，在该问题尚未得到解决或者未能发现境外买方为自己的利益不正当阻止条件成就，剩余未付货款的支付条件就仍未成就。

三、启示和建议

在国际贸易往来过程中，公司相关业务人员在前期磋商、合同签订、合同履行、债务催收等多个环节都会直接与外方人员展开接触与谈判。出于效率及便利的考虑，很少见到有公司为工作人员出具相关授权委托书，明确相关工作人员的对外代表权限。

本案即是由于A公司未明确员工D的对外代表权限，员工D在催讨过程中擅自对外签订《声明》，最后致使出口商无法向买方追讨债权。正是由于公司内部管理制度不完善，导致风险发生后出口商无法及时获得保险理赔，令人无奈。通过这宗案例，笔者对外贸企业提出以下几点建议以供参考：

1. 提高公司对外业务人员的选拔考核标准，进行法律、管理等多领域的培训，培养其规范操作的业务能力和良好习惯。

2. 完善公司内部管理制度，对公章、合同章、财务用章、企业证照、法人委托书等的使用要建立严格的制度，建议由公司专人保管，如业务人员需要使用时，应登记并留存相关文件复印件。

3. 在国际贸易的各个环节要明确限定相关业务人员的权限,建立完备的内部审批制度。有条件的,向境外买方披露相关业务人员的对外权限,法律文件的生效应当以公司授权代表签字或加盖公司印章为准。

当然,这里还存在一个因防范风险对业务人员的权限限制和对外贸易灵活便利之间的矛盾,对此贸易企业可以结合自身业务特点,平衡两者之间的矛盾,及时调整风险控制措施。

06

境外买方员工的表见代理认定

在国际货物买卖合同中，一种常见的纠纷是出口商将货物出运后，境外买方拒绝承认与出口商的贸易关系而拒付货款。这有可能是境外买方为拒付货款编织的谎言，也可能与其进行贸易磋商的联络员并无权利代理境外买方进行交易。这种纠纷常见的原因是，国际贸易中交易双方地处不同的国家，存在较大的地缘障碍和信息壁垒，很多出口商和境外买方的业务员通过广交会、博览会等方式互相结识后，并没有更多的渠道去了解联络人的真实身份信息，使诸多“李鬼”有了可乘之机。在联络人无权代理的情况下，原则上出口商无法向境外买方主张债权。但出于对外表授权的承认、对善意相对人的保护，并为保护财产交易的动态安全之考量，《民法典》规定了表见代理制度，使本属于无权代理之行为发生与有权代理同样的法律效果。本文将通过实务案例浅析我国《民法典》的表见代理制度，以期使读者对此问题有所了解。

一、案情介绍

国内出口商S公司于2020年年末的广交会上结识了自称是意大利R公司业务员的U。U来到S公司的展位，将名片递交给S公司的工作人员，与S公司工作人员洽谈交流相互了解，并称要订购S公司生产的一批毯子。

2021年年初，S公司的业务员C向U发送邮件称，因为中国新年假期的原因，S公司只能安排2个货柜的货物于2021年2月下旬装运。如果一周内不能确认订单，2个货柜的货物也不能保证在2021年2月下旬发运。几天后未收到R公司的回复，S公司的业务员C再次向U发送邮件希望U尽快确认订单，并请求其于当日签署并回传贸易合同，以保证货物能够按照双方预期的时间发货。次日，U将印有R公司印章的贸易合同通过邮件回传给S公司的C。贸易合同载明：商品名称为Woolen blanket（毛毯），数量为6000件，总价值为60,000美元，国际贸易术语为CIF，交货时间为2021年2月，付款方式为10%的预付款，剩余90%货款见提单副本后90天内支付。

S公司于2021年1月28日向R公司开具了两张商业发票，发票内容分别为毛毯2000件和毛毯4000件，合计总金额为60,000美元。并于2021年2月9日安排将总计6000件，2个货柜的货物交付承运人。2021年2月26日，货物到达希腊比雷埃夫斯港并完成提货。S公司于2021年2月3日收到涉案货物10%的预付款，即6000美元的预付款。但尾款付款日到期后，R公司未依约支付货物尾款。

在向R公司追讨过程中，R公司声称其未与S公司签订过涉案买卖合同，S公司所述的交易是其前雇员U的个人行为，与该公司无关。并且，R公司已于2021年年初与U解除聘用关系，并出具了解约协议，所以S公司对其公司主张的债权不成立。S公司认为即便U系无权代理，但其无权代理行为已经构成表见代理，且涉案货物已正常交付且无质量问题，R公司应当支付54,000美元的尾款。（见图6-1）

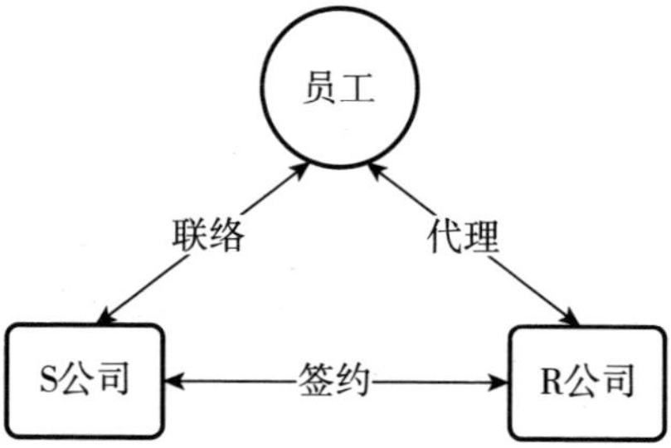

图 6－1　贸易关系示意图

二、案件法律分析

无权代理是指行为人没有代理权、超越代理权或代理权终止后，仍然实施代理行为，依据《民法典》第 171 条之规定，无权代理未经被代理人追认的，对被代理人不发生效力。但是，出于对外表授权的承认、对善意相对人的保护，并为保护财产交易的动态安全之考量，在符合表见代理的情形下无权代理也可以发生有权代理的效果。表见代理是指行为人没有代理权、超越代理权或者代理权终止后，仍然实施代理行为，相对人有理由相信行为人有代理权的，代理行为有效。作为无权代理的一种特殊情形，适用表见代理制度从而将无权代理的民事法律行为效果归于被代理人需要满足三个要件：(1) 须是无权代理；(2) 行为人具有有权代理的外观；(3) 相对人善意且无过失。

1. U已于2021年年初从R公司离职，其已无权代理R公司与S公司进行交易。

R公司主张U已于2021年年初从该公司离职，并出具了与U通过邮件签署回传解约协议的证据材料。以上相关邮件及解约文件表明，U于2021年1月12日和R公司解除劳动关系，并签署了解约协议，进行了工作交接。U在没有代理权后仍然以R公司名义与S公司进行交易，属于无权代理。

2. U在与S公司订立合同的过程中存在其有权代理R公司的表见行为特征。

(1)根据S公司提供的证据材料，U在广交会时代表R公司前往S公司的展位，同S公司进行了交流洽商，双方相互交换了名片，对买卖双方的合作进行了简单的初步沟通，并且合影留念。U提供的名片中印有R公司的地址、税号等信息，且与R公司的真实注册信息一致。

(2)根据S公司与R公司的贸易往来邮件，在贸易过程中，U(<U××××@gmail.com>)始终为R公司的联络人。在S公司投保的出口信用保险的保险公司海外渠道联系R公司时，U也代表R公司回复称其将会核查该公司与S公司的贸易情况。

(3)2021 年年初,S 公司的工作人员 C 与 U 通过邮件就涉案贸易进行磋商、签订,U 回传的涉案贸易合同上有 R 公司的盖章,且 R 公司并未否认涉案合同上印章的真实性。

(4)S 公司曾于 2021 年 2 月 3 日收到 R 公司支付的一笔金额为 6000 美元的预付款,银行水单上显示的付款人为 R 公司。

以上事实表明 U 具有有权代表 R 公司与 S 公司进行贸易的表见行为特征。

3. 相对人 S 公司善意且无过失。

S 公司与 U 在公开场合广交会上相识,U 向 S 公司递交了自己的名片,名片上载明其为 R 公司的业务经理,名片上所载 R 公司的基本信息与公开渠道能查询到的信息一致。且 S 公司拟定的合同条款中要求 R 公司应在货物出运前预付 10% 的货款,在收到 R 公司支付的预付款后,S 公司才将货物付运。S 公司对联络人的身份已经尽到了高度的注意义务,S 公司善意且无过失地相信 U 有权代理 R 公司进行贸易。

三、案件处理意见

本案中,S 公司提供的往来邮件及解约协议能够初步证明其与 U 已于 2021 年年初解除雇佣关系,U 无权代理其进行贸易行为。但U的代理行为具备有权代理的表见特征,且S公司在交易过程中已经尽到高度的注意义务,善意且无过失地认为U有代理权限,满足适用表见代理制度的要件,按照表见代理的法律后果,U的代理行为对R公司有效,也即国内出口商S公司与买方R公司的买卖合同关系成立。

四、实务操作建议

国际贸易中交易双方地处不同的国家,存在较大的地缘障碍和信息壁垒,国内出口商往往难以判断与其谈判磋商的联络人是否有权代理境外买方进行相关交易。当联络人无权代理境外买方进行贸易时,除非能够构成表见代理,否则国内出口商将无法向境外买方主张债权。为避免此种不利情形发生,国内出口商在磋商贸易时,一定要谨慎判别联络人的真实身份及代理权限。在此,我们建议国内出口商在第一次与境外买方接触磋商时,不妨进行如下操作,以防上当受骗:

1. 国内出口商在签订合同前,应该通过互联网、调取境外买方的资信报告或其他可能的方式查询境外买方的信息,检验其是否与联络人所述一致。如果境外买方公布了官方联系方式,尽可能通过官方联系方式与境外买方联络,逆向确认联络人的身份及对拟达成的交易是否知情。

2. 如有可能，尽量要求境外买方向联络人出具书面的授权委托书，确认其代理权限。例如在本案中，如果国内出口商事先要求境外买方出具授权委托书，那么当境外买方的业务员发生离职时，其自然会通知国内出口商。退一步讲，即使境外买方未通知，双方之间的权利义务也更加清楚明了，业务员的行为直接构成对境外买方的代理，由境外买方承担相应的责任。

3. 对于首次发生交易的境外买方，尽量要求其支付一定比例的预付款。一方面，可以避免发生第三人冒用境外买方名义进行贸易欺诈；另一方面，也能够进一步确认联络人确实有权代理境外买方进行贸易。

07

间接代理制度下如何确定合同的卖方

代理是国际贸易业务中经常涉及的基本法律制度之一。但由于出口企业的管理水平千差万别,以及文件签署的不规范等,导致实务运用中经常出现各种问题。本文的实务案例中,出口商委托其香港子公司从境内采购并向境外销售电视机机顶盒产品。在境外销售的环节中,境外买方收到货物后,却否认其与国内出口商存在合同关系,进而产生间接代理制度下,要如何确定合同当事人的问题。

一、案情介绍

2017 年 5 月至 11 月，国内出口商委托其香港子公司与上游供应商湖北某公司、深圳市某公司签订采购合同，又以香港子公司的名义与境外买方订立 11 份涉案形式发票。上述合同签订情况可见图 7－1。

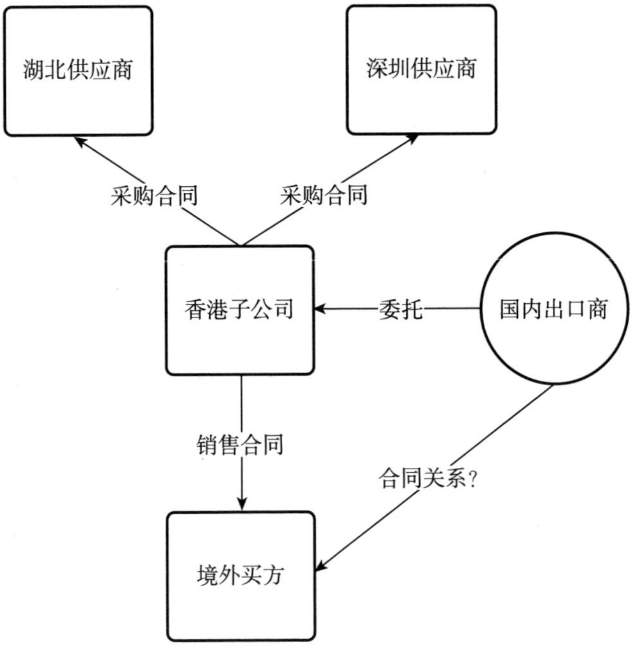

图 7－1　贸易关系示意图

后续,国内出口商向境外买方出运涉案 11 份形式发票的货物,提单记载的发货人为上游供应商湖北某公司及深圳市某公司,收货人为境外买方。货款总计为 1,590,900 美元,境外买方实际已支付 539,267.96 美元,尚欠付涉案形式发票下的货款共计为 1,051,632.04 美元。

在境外买方发生拖欠后,被保险人国内出口商向中国信保提交《可能损失通知书》,申请保险理赔。经中国信保海外渠道调查得知,境外买方对于涉案形式发票项下的贸易及收货事实均予以认可,但境外买方主张涉案形式发票系同香港子公司签订,其并不知晓国内出口商,国内出口商应无权向其主张剩余的货款。

二、案件法律分析

结合上述事实,本案中,境外买方虽然认可涉案贸易事实,但其主张涉案形式发票系其与香港子公司之间订立,不包括出口商在内,出口商无权向其主张剩余货款。也即按照境外买方的理解,涉案形式发票系香港子公司与其签订,国内出口商并非当事人,当然也就无法向境外买方主张涉案形式发票项下的剩余货款,只有香港子公司才能向境外买方主张付款。

1. 本案中，被保险人的交易模式符合中国信保“扩展承保模式”，但被保险人在投保时并未选择该模式。

笔者接触到的中国信保《短期出口信用保险保险单明细表》部分批注有“关于通过境外关联公司销售约定：贸易合同可由被保险人直接签订、被保险人委托代理人签订或被保险人的境外关联公司直接签订；其他保单条款、保险单明细表、批单等保单单证中被保险人或其代理人替换为被保险人或其代理人或其境外关联公司”，在该等扩展承保模式下，被保险人实际上包括“被保险人或被保险人的境外关联公司”（扩展承保模式如图7－2所示）。因此，不论是被保险人还是被保险人的境外关联公司对外签订的合同，若发生保险合同约定的承保风险，保险公司都应当按照保险合同承担相应的保险责任。

若本案保险合同也作出了上述约定，境外买方所提的抗辩主张，自然不会影响到保险公司对被保险人的保险理赔。按照境外买方所陈述的，香港子公司有权向其主张付款。现境外买方拖欠货款，已经发生了保险合同项下的买方拖欠的商业风险，香港子公司作为扩展承保的被保险人境外关联公司获得保险理赔。然而，国内出口商并未同保险公司在保险合同中作出上述约定，本案难以直接适用被保险人的境外关联公司扩展承保模式。问题又回到了原点，国内出口商未与境外买方直接订立合同,国内出口商还能否向境外买方主张合同债权?

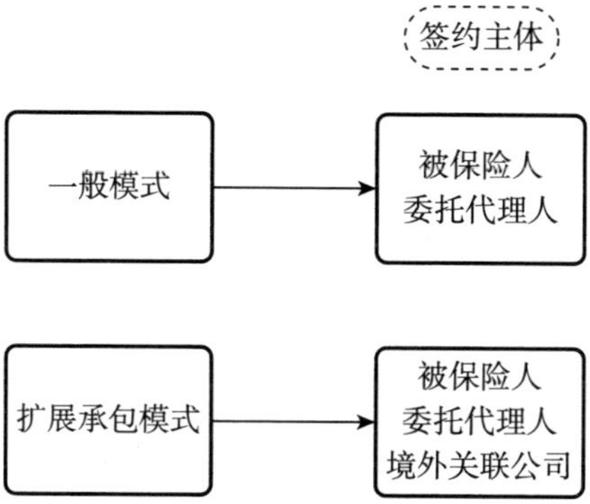

图 7-2　一般模式与扩展承保模式对比

2. 本案符合显名的间接代理特征,从法律上可推定本案买卖关系直接约束国内出口商和境外买方。

从本案签订的书面合同形式上看,2017 年 5 月至 11 月,香港子公司同境外买方通过电子邮件的方式签订了共计 11 份形式发票,该等涉案形式发票均由香港子公司与境外买方双方签章,并不存在国内出口商的签章或者其他信息。按照涉案形式发票正常推论,买卖合同关系的当事人为香港子公司和境外买方,不包括国内出口商。

但是,在民商事私法领域内,不论是国内法律还是域外法律体系里都存在代理制度。通过代理,被代理人可以不亲自参与民事活动而与第三人产生法律关系。这极大地扩展了被代理人的活动领域,代理制度可谓是对私法自治的扩张及有益补充。

代理(以下仅指委托代理)按照代理人对外名义分为两类,直接代理和间接代理。直接代理是指代理人以被代理人的名义并为了被代理人的利益同第三人发生法律行为。依照我国《民法典》第162条关于直接代理效力的规定,“代理人在代理权限内,以被代理人名义实施的民事法律行为,对被代理人发生效力”。在直接代理制度中,代理人独立开展民事法律活动,但其法律效果直接约束被代理人。与之相对的间接代理,是指代理人以自己的名义并为了被代理人的利益同第三人发生法律行为。间接代理又可以分为显名代理和隐名代理。代理人以自己的名义从事民事法律行为,让相对人知道本人的是显名代理,相对人不知道本人的是隐名代理。关于显名的间接代理的法律效果规定在《民法典》第925条,受托人以自己的名义与第三人订立的合同,第三人在订立合同时知道受托人与委托人之间的代理关系的,该合同直接约束委托人和第三人。该种情形下事实上突破了合同的相对性,发生了代理归属的效果。关于隐名的间接代理的法律效果规定在《民法典》第926条,第三人不知道代理关系的,委托人享有介入权,而第三人享有选择权。关于代理制度的介绍可参见图7－3:

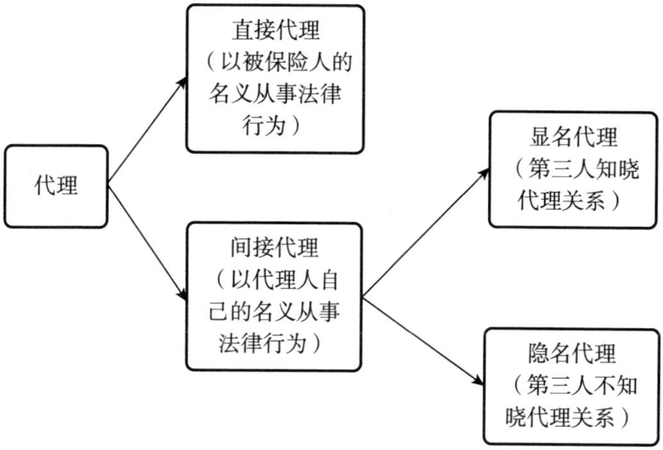

图 7－3　代理分类示意图

具体到本案中,按照国内出口商的主张,香港子公司系受其委托才订立的涉案形式发票。考虑到香港子公司系以自己的名义与境外买方成立的买卖关系,本案可能落入间接代理的范畴。通过审核在涉案贸易项下的香港子公司与境外买方的全部来往邮件,不难看出,香港子公司与境外买方订立涉案形式发票的电子邮件抄送过国内出口商并经过其确认,后续的提单、装箱单、商业发票等单据均由国内出口商通过其电子邮箱发送给境外买方,国内出口商跟进催收境外买方及时付款的邮件,境外买方也确认收到。并且,上述邮件的签名均载明了公司的名称、地址等基本信息,通过该等信息完全可以知晓国内出口商与香港子公司的关联关系。因此,根据现有证据材料,可以合理推定境外买方在订立合同时知道出口商与香港子公司的代理关系。

依据《民法典》第925条之规定，“受托人以自己的名义，在委托人的授权范围内与第三人订立的合同，第三人在订立合同时知道受托人与委托人之间的代理关系的，该合同直接约束委托人和第三人；但是，有确切证据证明该合同只约束受托人和第三人的除外”。本案中，虽然涉案形式发票系香港子公司与境外买方，但基于出口商与香港子公司的委托关系，且境外买方对此也应当知晓，因此，香港子公司同境外买方之间订立的涉案形式发票应当直接约束国内出口商与境外买方。

三、案件处理意见

涉案形式发票可直接约束国内出口商与境外买方。按照涉案单证所记载，2017年6月至11月，出口商将涉案形式发票项下的11票货物分不同批次运往境外买方指定船只上，境外买方亦确认收到涉案形式发票项下的11票货物。因此，本案材料已形成证明出口商按约履行完毕涉案形式发票项下交货交单的主要义务的优势证据，国内出口商依法享有对限额买方境外买方的债权。

四、实务操作建议

上述案例中,国内出口商在中国香港注册公司,由其香港子公司直接面对国际市场,利用香港子公司从国内供应商采购货物后卖给境外客户。从法律视角来看,该种做法在保险理赔过程中仍然存在不确定的潜在风险,也提示出口商注意以下若干方面的外贸风险。

1. 实践中,不少国内出口商都存在通过境外关联公司进行跨境贸易的需求。但部分国内出口商在向中国信保投保时,并未选择适用“扩展承保模式”,导致在理赔时出现不确定性。本案若在投保时适用了该条款,在理赔时便可直接适用该条款,省去诸多不必要的麻烦。在此提醒出口企业在投保时要及时与保险公司沟通,了解清楚保险公司的产品类型、产品内容等,尽量做到与自身业务相匹配。

2. 如果国内出口商在投保时未选择适用“扩展承保模式”,则并不是所有案件最终都能获得理赔。假设在本案中,买卖双方的往来邮件中自始没有出现过国内出口商,那么就无法推断出香港子公司采取显名的间接代理模式,也就无法推断出国内出口商与境外买方之间存在买卖合同关系。从保险关系的角度来说,国内出口商虽然在中国信保投保,但买卖合同关系最终无法认定的话,要求中国信保理赔就失去了基础。

3. 本案是存在代理关系的跨境贸易,涉及多方当事人。一般而言,税务、报关等环节政策性又较强,使用香港子公司代理订立上下游合同出口,往往导致在认定法律关系和确定法律责任上容易出现混乱。若是相关文件不齐全或存在瑕疵,国内出口商无法举证证明代理关系存在,可能导致其难以向境外买方主张合同债权。出口企业应当高度重视,规范委托代理协议的签订和明确代理人的对外代表权限。出口企业应对参与贸易的各方当事人之间的法律关系、权利与义务要有清醒的法律认识,最好能事先寻求专业律师的协助,防止出现重大的法律漏洞。

专题三

合同解释与合同内容确认

08 出口零售商品符合进口国质量标准的重要性

随着我国对外贸易的不断发展,“中国制造”已经成为全世界人民衣食住行中不可或缺的元素。但由于各国政策不同,时常出现因国内出口商对进口国的商品质量标准不够了解,导致出口商品不符合进口政策要求,进而产生贸易纠纷的情形。这类情形多出现于零售商品的出口领域。笔者尝试结合实务中处理的相关案例,浅析出口零售商品符合进口国质量标准的重要性。

一、案情介绍

2018 年 8 月,国内 A 公司与某西班牙蜂蜜销售商(下称境外买方)签订合同,约定由A公司向境外买方出售蜂蜜,贸易术语为CIF VALENCIA SPAIN(西班牙瓦伦西亚),A公司向境外买方交付提单等贸易单据时境外买方支付首付款,余款在进口清关后10个工作日内支付。

其后,A公司依约发运了货物,境外买方也依约支付了首付款。货物进口清关后,境外买方将货物送第三方机构检测,检测报告显示,货物掺有杂质,不符合欧盟质量标准。境外买方遂拒绝支付余款,并要求解除合同,将货物作退货处理。

二、案件法律分析

A公司与境外买方未约定涉案合同适用的法律。鉴于中国和西班牙均是《公约》的缔约国,根据我国法律的冲突规则,涉案合同应优先适用《公约》。

《公约》第35条第2款规定:“除双方当事人业已另有协议外,货物除非符合以下规定,否则即为与合同不符:(a)货物适用于同一规格货物通常使用的目的;(b)货物适用于订立合同时曾明示或默示地通知卖方的任何特定目的,除非情况表明买方并不依赖卖方的技能和判断力,或者这种依赖对他是不合理的;……”就涉案货物中是否可以掺有杂质或曾被人为加工的问题，涉案合同未明示，双方间也不存在关于货物用途的其他特别约定。在前述情况下，境外买方向 A 公司购买涉案货物的使用目的通常应理解为在西班牙或欧盟地区对外转售，故涉案货物质量应当符合欧盟相关蜂蜜质量标准。

2002 年年初，欧盟发布了有关蜂蜜质量标准的 COUNCIL DIRECTIVE 2001/110/EC（以下简称理事会指令）。根据理事会指令第 9 条，欧盟各成员国应于 2003 年 8 月 1 日前开始执行理事会指令，并于 2004 年 8 月 1 日起禁止销售不符合规定的蜂蜜产品。（Member States shall bring into force the laws, regulations and that of its publication in the Official Journal of the European administrative provisions necessary to comply with this Communities Directive before 1 August 2003. … The measures shall be applied so as to：—authorise the marketing of the products defined in Annex I if they conform to the definitions and rules laid down in this Directive, with effect from 1 August 2003；—prohibit the marketing of products which fail to conform to this Directive, with effect from 1 August 2004.）（成员国应于 2003 年 8 月 1 日前施行必要的法律、法规并在欧盟法规官方公报上公布该等法律、法规，以实施本指令…… 应采取措施：如果附件 I 中定义的产品符合本指令中规定的定义和规则，则从 2003 年 8 月 1 日

起授权其上市；自 2004 年 8 月 1 日起禁止销售不符合本指令的产品。）

理事会指令对“蜂蜜”的定义：“蜂蜜是蜜蜂采集植物的花蜜或活体植物的分泌物或吸吮活体植物的昆虫的排泄物，并与自身分泌的特殊物质结合，进行转化、沉积、脱水并贮存在蜂巢中至成熟的天然甜物质。（Honey is the natural sweet substance produced by Apis mellifera bees from the nectar of plants or from secretions of living parts of plants or excretions of plant-sucking insects on the living parts of plants, which the bees collect, transform by combining with specific substances of their own, deposit, dehydrate, store and leave in honeycombs to ripen and mature.）（蜂蜜是蜜蜂通过采集并与自身体内的特定物质结合并转化、沉积、脱水、储存和留在蜂窝中成熟的，从植物的花蜜或植物活体的分泌物或食草昆虫在植物活体上的排泄物所产生的天然甜物质。）”另外，理事会指令第 2 条规定，“蜂蜜”一词只用于符合上述定义的产品，并应用于贸易中表示这类产品。（the term “honey” shall be applied only to the product designate that product defined in Annex I, point 1, and shall be used in trade to.）（“蜂蜜”一词应仅适用于指令附件 I 第 1 点中定义的产品，并应在贸易中应用。）因此，按照理事会指令，涉案货物应为

天然物质,不得经过人为加工。

理事会指令附件Ⅱ规定:“投放市场销售的蜂蜜或在人类消费的产品中使用的蜂蜜,不得在蜂蜜中添加任何食品成分,包括食品添加剂,也不得添加蜂蜜以外的任何物质。在蜂蜜中不得含有外来的有机或无机物质。(When placed on the market as honey or used in any product intended for human consumption, honey shall not have added to it any food ingredient, including food additives, nor shall any other additions be made other than honey. Honey must, as far as possible, be free from organic or inorganic matters foreign to its composition.)(当作为蜂蜜投放市场或用于任何供人类食用的产品时,蜂蜜不得添加任何食品成分,包括食品添加剂,也不得添加除蜂蜜以外的任何其他添加物。蜂蜜必须尽可能不含与其成分无关的有机或无机物质。)”因此,按照理事会指令,涉案货物中不应掺有任何杂质。

综上,按照欧盟质量标准,涉案货物应是天然物质,不得经过人工加工,且涉案货物中不应掺有任何杂质。

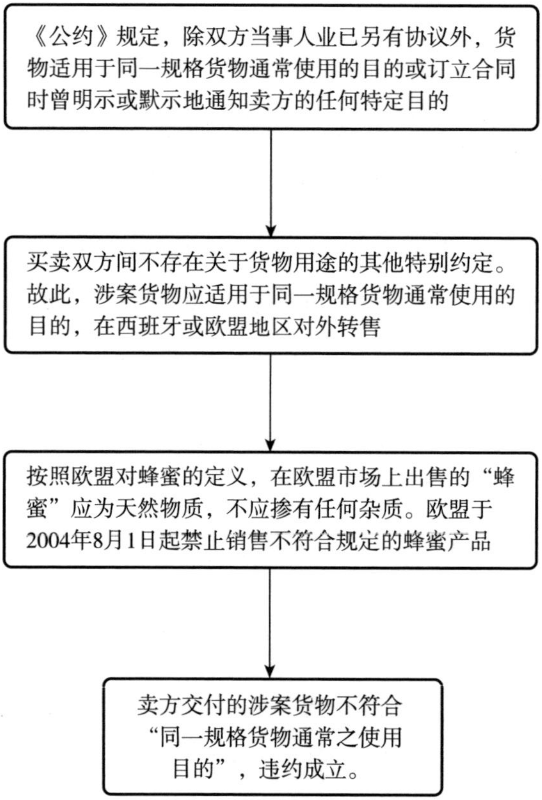

图 8－1　关于货物不符的论证逻辑

三、案件处理意见

境外买方提供的第三方检测报告初步证明涉案货物中掺有杂质，可能不符合欧盟质量标准，该检测报告可以作为涉案货物存在质量问题的初步证据。根据中国信保的保单条款“对存在贸易纠纷的案件……被保险人应先进行仲裁或在买方所在国家(地区)提起诉讼,在获得已生效的仲裁裁决或法院判决并申请执行之前,保险人不予定损核赔”。通俗地讲,中国信保对于贸易纠纷采取“先诉后赔”的理赔机制,即在买卖双方存在贸易纠纷的情况下,被保险人需要先行通过诉讼或仲裁,取得确立债权的裁判结果并申请执行,中国信保才能予以赔付。本案中,A公司需要在诉讼或仲裁程序中申请对涉案货物进一步予以鉴定,证明其质量符合欧盟质量质量标准,才能要求境外买方承担赔偿责任或是要求中国信保进行赔付。

四、实务操作建议

1. 国内出口商应当根据自己产品的特点,和境外买方事先约定好货物的质量标准、包装方式、检测机构、检测方法、检测标准,尽量做到详细、明确、可操作,避免在事后发生纠纷时,双方各执一词,无法确定。另外,如果有条件,尽量采用样品买卖或发货前买方预检等方式进行交易,将货物是否符合进口国标准的责任,转由境外买方来承担,可以较为有效地减少争议。

2. 国内出口商要尽量了解境外买方所在国的法律政策,防止出售货物在当地无法流通。

对于零售商品的进口商而言,将进口商品在其经营区域内转售,通常是进口商的主要合同目的。除了上文已有所述的《公约》,各国在制定法律时也普遍保护进口商的前述合同目的。如我国《民法典》第 563 条第 1 款第 3 项规定,当事人一方违约行为致使不能实现合同目的,当事人可以解除合同。据此,根据我国法律,如进口零售商品不符合进口国相关政策要求,无法流通,达到了致使进口商合同目的落空的程度,进口商即有权解除合同。另外,在国际贸易中受到广泛适用和参考的英国 1979 年《货物销售法》(Sale of Goods Act 1979)将货物应具备"可商售品质"(merchantable quality)作为对货物质量的默示要求。[①] 具备"可商售品质"意味着货物同时具备可销售性(saleability)和可使用性(usability),也即货物在可使用的同时应具备可向第三方转售的要求。该法第 14(3)条进一步规定:"如果卖方是在业务上出售货物,而买方明示或默示告知了卖方有关买货的用途,卖方就有默示要求,提供的货物是要合理适

① 英国 1979 年《货物销售法》第 14(2)条规定:"*Where the seller sells goods in the course of a business, there is an implied term that the goods supplied under the contract are of merchantable quality ...*"后续 1994 年《货物销售法与供应法》(*Sale and Supply of Goods Act* 1994)对上述规定进行了补充,将上述规定中的"*merchantable quality*"修改为"*satisfactory quality*",但修改后的"*satisfactory quality*"包含"*merchantable quality*"的原有含义。

合该用途……(Where the seller sells goods in the course of a business and the buyer, expressly or by implication, makes known to the seller any particular purpose for which the goods are being bought, there is an implied term that the goods supplied under the contract are reasonably fit for that purpose, whether or not that is a purpose for which such goods are commonly supplied...)”故建议外贸企业在出口零售商品前,务必先行了解与出口零售商品有关的进口国政策,并与进口商就出口零售商品的质量标准以及需具备的相关资质等信息进行详细确认。

即使是采用样品买卖或发货前买方预检等方式,国内出口商也需要自己尽可能多地掌握海外市场的法律政策、行业规范、准入标准等,对境外买方尽到提示义务,否则交易后期发生问题后,难免会在双方之间产生争议、纠纷等不利的局面,对双方来说,同样都会受到损失。

09 如何区分寄售与买卖

寄售是一种委托代售的贸易方式,也是国际贸易中为开拓商品销路、扩大出口而采用的一种通常做法,它与先出售、后出运货物的一般贸易方式不同,而是先出运、后出售商品。寄售方式下当事人之间的权利义务关系不同于买卖合同关系,寄售人与代销人是委托代售关系,对应着适用不同的法律规则,也意味着不同的外贸风险。鉴于此,对于出口企业而言,分清寄售与买卖,避免在保险理赔过程中出现障碍十分有必要。

一、案情介绍

终端实际买家A公司分别于2016年8月30日、2016年11

月1日、2016年12月23日向中国信保批复的限额买方B公司发送了3个订单,订购冷冻罗非鱼片。B公司于2016年8月30日、2016年11月1日、2016年12月23日向国内出口商发送了3个订单(下称涉案订单),订购冷冻罗非鱼片,贸易术语均为DDP。

国内出口商分别于2016年12月2日、2016年12月25日、2016年12月17日、2017年1月3日、2017年1月19日向B公司开具了相应的商业发票,并将涉案订单项下的货物安排出运。按照中国信保海外渠道的调查意见,涉案订单的货物已经运抵订单上指定的收货地点。

但是,B公司迟迟不支付涉案订单项下的货款,抗辩称其为中间代理人,由于涉案订单的买家A公司以货物冷冻罗非鱼存在细菌超标的质量问题拒付货款,B公司无支付货款的义务。

二、案件法律分析

结合上述事实,本案中,虽然B公司认可涉案贸易事实,但其主张自己只是中间代理人,B公司与国内出口商签订的订单标注有"CONSIGNMENT(寄售)"。核查涉案内容,涉案订单确实标示了CONSIGNMENT(寄售)。按照B公司的理解,B公司与国内出口商只是寄售关系。虽然我国法律中没有明确规定寄售这个概念,但查询相关文献资料可知,寄售是指出口人先将准备销售的货物运往国外寄售地,委托当地代销人按照寄售协议规定的条件代为销售后,再由代销人同货主结算货款。该种模式下,寄售人与代销人是委托代售关系,代销人不承担任何风险和费用,货物售出前的一切风险和费用均由寄售人承担。(如图 9 –1 所示)如果寄售关系成立,A 公司未付货款,B 公司并无支付货款的义务。

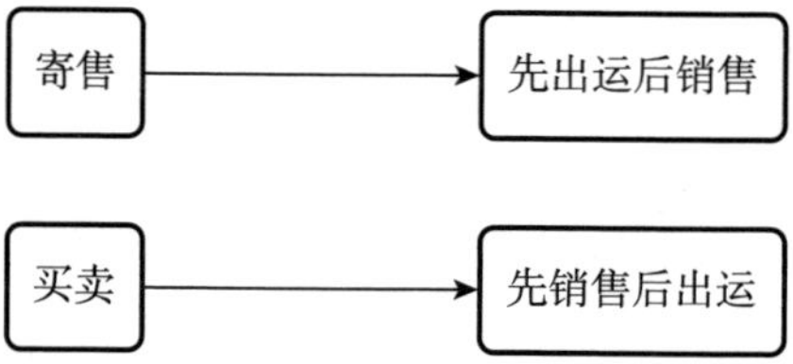

图 9 –1　寄售与买卖的贸易模式对比

不同的合同关系适用不同的法律规则,也对应着不同的权利义务以及责任。判定具体的合同关系性质不应该仅根据当事人使用的词汇、名称来认定,而应该根据合同的条款、双方的权利义务、实际履约情况等内容综合判定。

对比来看,寄售也是按双方签订的协议进行的,一般认为,寄售人和代销人之间不是买卖关系,而是委托与受托关系,寄售协议属于行纪合同性质。按照我国《民法典》的规定,行纪合同是指行纪人接受委托人的委托，以自己的名义，为委托人从事贸易活动，委托人支付报酬的合同。而买卖合同是出卖人转移标的物的所有权于买受人，买受人支付价款的合同。

买卖合同和寄售合同的区别主要有以下几点：

1. 寄售人与代销人是委托代售关系。代销人只能根据寄售人的指示代为处置货物，在委托人授权范围内可以以自己的名义出售货物、收取贷款并履行与买主订立的合同，但货物的所有权在寄售地售出之前仍属寄售人。

2. 寄售是由寄售人先将货物运至寄售地，然后再寻找买主，因此，它是凭实物进行的现货交易。

3. 寄售方式下，代销人不承担任何风险和费用，货物售出前的一切风险和费用均由寄售人承担。

4. 买卖合同中，卖方依合同约定履行交付货物的义务后，买方无论是否找到下游买家，均应履行支付货款的义务；而在寄售合同中，受托人将货物出售后，才需向委托人结算售出货物的货款。

本案中，从出口商同 B 公司签订的涉案订单形式来看，涉案订单标示了 CONSIGNMENT（寄售），但未就具体的待售方式作出详细明确的约定。并且，从前述的贸易事实看，本案的贸易方式:A 公司向 B 公司下订单,B 公司再向国内出口商下订单。另外,在国内出口商提供的其与 B 公司负责人的邮件往来中,B 公司负责人明确承认 B 公司与国内出口商之间为买卖关系:“PO(Purchase Order,订单)本身就是购买合同,这本身就很清楚,是我司作为买方,向贵司购买后卖给 A 公司然后付款给贵司……而我只是中间商一样。”B 公司负责人的上述自认应认定为对于合同性质的认可,若无相反证据,出口商同 B 公司签订的涉案订单真实意思表示应当为买卖冷冻罗非鱼片。

三、案件处理意见

出口商同 B 公司达成的涉案订单合同内容为转移货物所有权和支付价款,符合买卖合同的本质特征,与寄售合同委托销售、售出后结算货款的特征并不相符,本案应当认定合同性质为货物销售合同。现出口商已经按约履行完毕涉案形式发票项下的交货交单的主要义务,国内出口商依法应当享有对 B 公司的债权。

四、实务操作建议

上述案例中,通过法律分析最终认定本案为买卖合同关系而非寄售关系,进而国内出口商依法享有对 B 公司的债权,并且可以按照保险合同约定向保险公司主张保险理赔。当然,就寄售关系而言,出口企业需要注意以下法律风险。

首先,就贸易本身而言,寄售人承担的贸易风险大。寄售人要承担货物售出前的一切风险,包括运输中和到达目的地后的货物损失和灭失的风险、货物价格下跌和不能售出的风险,以及因代销人选择不当或资信不佳而导致的损失。

其次,寄售方式下资金周转期长,收汇不够安全。寄售货物售出前的一切费用开支均由委托人负担,而货款要等货物售出后才能收回,不利于其资金周转。此外,一旦代销人违反协议,也会给寄售人带来意料之外的损失。

此外,从中国信保的保险责任范围来看,投保代销人基于寄售所形成的债务,除非中国信保事先书面同意依特定条件承保,原则上中国信保不承担赔偿责任。国内出口商在投保时要及时与中国信保进行沟通,了解清楚保险公司的具体承保范围。

10 付款条件不明确的法律风险

合同一般都会订有履行方式和履行期限条款，对于国内出口商而言，尽早收回货款是其最为关心的事情，付款条件的约定应当尽量清楚明确。有些合同对于履行方式或期限约定不够严谨，导致容易产生纠纷。本文通过一则实务案例的分享，希望对国内出口商如何设定合理的付款条件给予一定的建议。

一、案情介绍

2015 年 11 月 26 日，国内出口商向境外买方发送邮件，称其在汉诺威物流展（Hanover fair）上预订了展台，并询问境外买方对展台位置是否满意，还就拟参展叉车向境外买方提供了报价单。

2015 年 12 月 2 日,国内出口商以电子邮件附件的形式向境外买方出具了 PROFORMA INVOICE(形式发票,以下简称 PI)。依据 PI,国内出口商向境外买方出售 5 部叉车(以下简称涉案货物),总价款为 49,899 美元,贸易术语为 CIF WERDER BREMEN(云达不莱梅),支付条件为境外买方在涉案货物付运前支付 7484 美元的预付款,余款 42,415 美元在收到涉案货物后支付,付款方式为电汇。PI 上还注明:"本 PI 经卖方签章后生效。买方签章并回复修改意见亦视为对本 PI 的确认。"同时,在邮件中,国内出口商表示,境外买方可先支付涉案交易总价款的 10% 作为预付款用以确认有关拟定后的参展叉车(涉案货物)的交易,余款可于境外买方收到涉案货物时或于境外买方在汉诺威物流展上卖出涉案货物后再行结算。

2016 年 4 月 7 日,国内出口商将涉案货物装船出运,依照提单,涉案货运下托运人为国内出口商,收货人为境外买方,船名为 YU HANG 888,航次号为 1615E,装货港为中国芜湖港,卸货港为德国汉堡港,运费预付。2016 年 4 月 20 日,国内出口商表示可帮助境外买方联系涉案货物的下游买家,涉案货物可在汉诺威物流展结束后交付下游买家,并询问境外买方为涉案货物拟定的售价。同时,因境外买方未提供任何担保,国内出口商要求境外买方在涉案货物清关前支付全部价款。

2017 年 11 月 28 日，境外买方向国内出口商表示只要其将涉案货物售出，就立即向国内出口商支付余款。但是，鉴于涉案货物的市场价值一直在下降，且境外买方需要负担涉案货物的维护费用，在涉案货物出售给第三方前，境外买方公司无法向国内出口商支付余款。

此外，依据《信用限额审批单》，就涉案交易，中国信保审批的支付方式为 O/A，信用期限为 60 天，金额为 60,000 美元。

二、案件法律分析

如前所述，境外买方向国内出口商表示待其将涉案货物售出才支付余款。依照 PI 所载明的支付条件：境外买方先支付涉案交易总价款的 10% 作为预付款，余款应于境外买方收到涉案货物时或于境外买方在汉诺威物流展上卖出涉案货物后再行结算。2016 年 3 月 16 日，境外买方接受了上述支付条件，并未对上述支付条件提出异议。至此，境外买方与国内出口商就涉案交易订立了买卖合同关系，PI 所载各项条件已经对双方产生了约束力。

但是，境外买方并未在收到货物时向国内出口商支付余款，也未能在汉诺威物流展上将涉案货物售出。此时，涉案交易的支付条件未能成就，双方就此种情况下余款的支付期限未作出明确约定。依据《合同法》第62条第4项之规定，合同履行期限不明确的，债务人可以随时履行，债权人也可以随时要求履行，但应当给对方必要的准备时间。（现《民法典》第511条第4项）因此，在上述情况下，国内出口商有权随时要求境外买方履行付款义务，但应当给境外买方必要的准备时间。根据笔者在互联网上查到的信息，2016年汉诺威物流展于2016年5月31日开幕，于2016年6月3日闭幕。2016年6月4日，国内出口商向境外买方要求支付余款。至此，在必要的准备时间后，境外买方应当向国内出口商支付余款。

根据保险公司提供的补充材料，2016年6月8日，国内出口商向境外买方表示，距离境外买方收到涉案货物已逾60日，依据之前商定的支付条件，境外买方应立即向国内出口商支付余款。涉案货运下提单记载的发运日为2016年4月7日，依此推算，60日届满日为2016年6月6日。可见，国内出口商是以明确的意思表示告知境外买方付款条件变更为货物发运后60日，并在付款逾期后及时向境外买方催告付款。2016年6月30日，境外买方回复称其同意支付余款，但近期无法支付余款，并表示会尽快支付。境外买方虽并未明确承认付款期限变更为货物发运后60日,但其对国内出口商的催款通知,一方面承认要支付余款,另一方面以自己暂时没有履行能力来拒绝立即支付,但始终未就国内出口商提出的货物发运后60日的付款期限提出异议,应当推定双方已经就O/A60日的支付条件达成一致意见。

三、案件处理意见

涉案交易的支付条件:在涉案货物付运前,境外买方应向国内出口商支付涉案交易总价款的15%作为预付款,余款应于境外买方收到涉案货物时或于境外买方在汉诺威物流展上卖出涉案货物后再行结算。鉴于双方之前约定的付款条件未能成就,且国内出口商已于2016年6月4日向境外买方要求支付余款,自2016年6月4日起后的合理期限内,境外买方应当向国内出口商支付余款。根据双方的邮件往来,应当推定双方已就O/A60日的支付条件达成一致意见。鉴于双方已将涉案交易余款的付款期限约定为O/A60日,该付款期限未超过中国信保就涉案交易审批的信用期限。而且,双方在涉案交易下是买卖合同关系,涉案交易真实、合法、有效,且国内出口商已依约履行了其在涉案买卖合同关系下的义务,若无其他情形,中国信保就上述纠纷应当按照保险条款约定向国内出口商承担保险责任。

四、实务操作建议

上述案例中,国内出口商同境外买方约定的付款条件,是收到涉案货物时或在汉诺威物流展上售出后再行结算。两个条件之间使用了“或者”的句式,也就意味着对于债务人境外买方而言,其有权选择按照二者之一的付款节点支付货款。幸亏国内出口商对其同境外买方的往来邮件保存较为完好,据此推出双方已将涉案交易余款的付款期限约定为 O/A60 日,中间经历了一系列的复杂逻辑推理,对保险理赔工作造成了障碍。因此,从本案中,我们可以得出如下启示:

1. 贸易合同中应明确约定货款数额、付款方式、付款期限,有利于更好地保护出口企业合法权益。对于出口企业而言,先行收取全部价款再交付货物是最安全的交易方式。如果约定赊销付款,应明确约定具体的付款期限,能够明约定一个具体的日期,这是最好的;如果不能约定具体的付款日期,而是约定一定的付款条件,比方说收货后 5 日内支付,那么作为出口企业一方,一定要保留好条件成就的相关凭证,也就是交付货物的相关的凭证。

2. 对于投保了出口信用保险的出口企业而言，获得了中国信保审批通过的境外买方信用限额时，应当仔细核对合同的付款条件与信用限额审批单条款是否相符，包括“支付方式 + 期限 + 金额”等。如果合同约定的付款条件超出了信用限额审批单中保险人批复的条件，按照保险条款约定可能会影响到保险责任的承担。

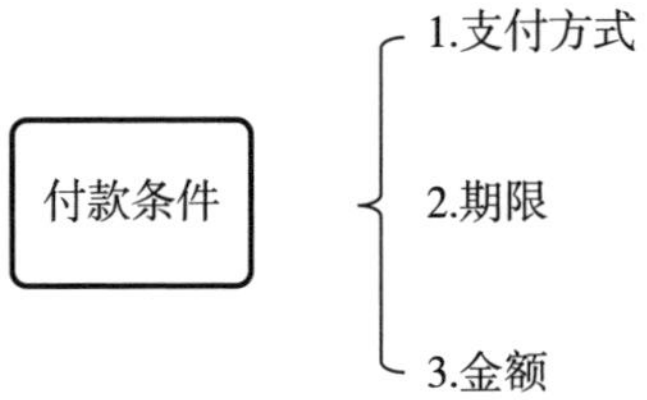

图 10 –1　付款条件通常包含的三要素

3. 在合同履行过程中，如果涉及变更合同条款，出口企业一定要慎重对待。从公司内控流程上来说，应该要求业务员必须采用书面补充协议的方式，而不是采用邮件往来的方式。如本案中，业务员以邮件方式同意境外买方在展会上卖出涉案货物后再行结算，差点导致发生理赔障碍。另外，出口企业在投保信用保险的情况下，对于任何的合同变更，都应当事先征得中国信保的同意，否则可能造成理赔时降低赔付比例或拒赔的后果。

专题四

合同履行与损害赔偿

11 诚实信用原则

——国际贸易中的黄金法则

诚实信用原则被称为现代私法上的黄金法则,也被奉为国际货物买卖中的“帝王条款”。诚实信用原则是国际商事主体从事商事活动所应遵循的一项基本原则,广泛体现在国际商事交往中的各个环节,在法律没有明确规定或合同没有明确约定时,当事人或法院可据此原则予以补充或评价。诚实信用原则要求国际商事主体在从事国际商事活动时,应采取“善意的方式”,不得有欺诈或者滥用权利的行为。本案中,国内出口商意图采用扣留提单的方式增加自身谈判的砝码,却没想到因其自身的不诚信行为遭受巨大损失。通过本案,可以充分体现诚实信用原则在国际贸易中的重要地位,对此希望出口企业予以重视。

一、案情介绍

本案中，境外买方曾与国内出口商签署过一张适用FOB术语的订单(下称历史订单)，然而，国内出口商迟延交付货物40余天，致使境外买方与其下游买家产生相应的迟延交货的违约责任纠纷。历史订单项下仍有货物未出运，现存于国内出口商仓库。境外买方虽然承诺会通知发货，但发货时间迟迟无法确定。

随后，境外买方又向国内出口商下了一张适用FOB术语的订单(下称涉案订单)，订单未就交付贸易单据的时间、地点等作进一步约定。在国内出口商装船出运涉案订单项下货物后，并未第一时间向境外买方交付贸易单据，而是向境外买方发送邮件称“应总部要求提单暂时不能放给贵公司哦，请尽快安排历史订单项下的货物发货才能放单”。境外买方于收到邮件当天即回复国内出口商，取消所有涉案订单项下货物的发货计划，国内出口商的所有损失将由其自行承担。

国内出口商收到境外买方取消订单的邮件后，立即与境外买方联系，在很短时间内交付了提单。可是境外买方态度坚决，明确表示现在交付提单已无用，无论如何不会收货。事实上，待货物到港后,境外买方也确未进行收货。

由此,国内出口商向中国信保报损。判断本案境外买方拒收货物这一行为是否合理就成了问题的关键。

二、案件法律分析

本案中,国内出口商坚称其扣留提单的行为是暂时性措施,其司在与境外买方沟通过程中均使用“暂时”二字,目的是促使境外买方与之协商确定历史订单的发货时间,符合涉案订单中的“如有未尽事宜,双方沟通解决”条款,实非扣住提单不放之意。因此,便产生了以下两个问题:(1)应当如何理解国内出口商“暂扣”提单这一行为的性质?(2)国内出口商这一行为会产生怎样的法律后果?

1. 应当如何理解国内出口商“暂扣”提单这一行为的性质?

《民法总则》第 142 条第 1 款规定:“有相对人的意思表示的解释,应当按照所使用的词句,结合相关条款、行为的性质和目的、习惯以及诚信原则,确定意思表示的含义。”(现《民法典》第 142 条第 1 款)此条款确立了“温和表示主义”的解释原则,即在一般情况下,意思表示按照理性受领人合理信赖的内容发生法律效果,也即“不是指当事人主观内心之意思,而是从意思表示受领人立场去认定之‘客观表示价值’”。[1] 因此，对于国内出口商的意思表示的理解，应当以境外买方作为一个理性受领人的立场去认定其意思表示的含义。

本案中，国内出口商主张该司对于扣留提单一事的表述中所用时间限定文字是“暂时”二字，其司从未告知境外买方不放提单。虽然国内出口商在表述中确有“暂时”字样，但是根据体系解释原则，前后文的含义应协调一致，不可割裂理解。国内出口商在“应总部要求提单暂时不能放给贵公司哦，请尽快安排历史订单项下的货物发货才能放单”这一表述中，前半句表示暂时不能放单，后半句使用“……才能……”句式，明确表示“放单”的前提条件是“尽快安排历史订单项下的货物发货”，也体现出国内出口商发送此封邮件的主要目的。按照商业贸易领域中一般理性人的理解，“暂时”一词表示在当前情况下，短时间内的一定状态，待当前情况产生变化后，状态可能进行改变。因此，在本案中，应将“暂时”的含义理解为，在境外买方不安排历史订单项下的货物发货的情况下，提单“暂时”不能交付给境外买方。换言之，若境外买方不安排历史订单项下的货物发货，境外买方将不能取得提单。

---

① 参见王泽鉴：《民法学说与判例研究》（第 7 册），中国政法大学出版社 2005 年版，第 22 页。

其次,国内出口商主张其扣留提单是为与境外买方协商解决历史订单的问题,没有要真正扣押提单的意思,符合涉案订单中约定的"如有未尽事宜,双方沟通解决"条款。依据《公约》第34条的规定:"如果卖方有义务移交与货物有关的单据,他必须按照合同所规定的时间、地点和方式移交这些单据。"根据涉案订单的约定,本案适用FOB术语,国内出口商有义务移交与货物有关的单据。并且买卖双方未就移交单据的时间、地点等进行约定,视为国内出口商应当在合理期限内移交与货物有关的单据,而非合同漏洞,不属于国内出口商主张的"未尽事宜"。

此外,国内出口商向境外买方发送邮件称"应总部要求提单暂时不能放给贵公司哦,请尽快安排历史订单项下的货物发货才能放单",表明国内出口商扣留提单这一行为是总部层面上作出的公司决策,难以更改,结合前述分析,总部也要求在境外买方安排历史订单项下的货物发货后,国内出口商才能放单。故国内出口商暂扣提单的意思表示应理解为以邮件形式直接向境外买方通知总部的决定,要求境外买方同意其交付提单的先决条件,国内出口商主张其暂扣提单的行为应理解为促进积极协商的主张不能成立。

综合上述分析,根据涉案订单,国内出口商有义务在合理期限内将与货物有关的单据移交给境外买方。国内出口商向境外买方发送邮件称“应总部要求提单暂时不能放给贵公司哦，请尽快安排历史订单项下的货物发货才能放单”，明确表示只有在境外买方安排历史订单项下的货物发货后，国内出口商才能交付提单。即在涉案订单的合同条件下，国内出口商不会交付提单，也即国内出口商明确表示其将不履行合同义务。

2. 国内出口商这一行为会产生怎样的法律后果？

依据《公约》第 72 条规定，“（1）如果在履行合同日期之前，明显看出一方当事人将根本违反合同，另一方当事人可以宣告合同无效。（2）如果时间许可，打算宣告合同无效的一方当事人必须向另一方当事人发出合理的通知，使他可以对履行义务提供充分保证。（3）如果另一方当事人已声明他将不履行其义务，则上一款的规定不适用”。另据《合同法》第 94 条规定：“有下列情形之一的，当事人可以解除合同：……（二）在履行期限届满之前，当事人一方明确表示或者以自己的行为表明不履行主要债务。”（现《民法典》第 563 条）以上条款规定了预期违约制度，即当事人在合同履行期到来之前无正当理由明确表示将不履行合同，或者以自己的行为表明将不履行合同，守约方享有合同解除权。在国际货物买卖中，国内出口商的交单义务是主要的合同义务，因为只有在国内出口商向境外买方交付提单及出口单证等单据，境外买方才能进行提货并办理清关手续，从事实上和法律上获得货物的所有权,进而使买卖合同的目的得以实现。根据前述分析,国内出口商明确表示将不按照合同约定交单条件交付提单,即不履行其主要合同义务,事实上已经构成预期根本违约。据此,境外买方有权依据《公约》第72条及《合同法》第94条行使合同解除权。

另参见江苏省宿迁市中级人民法院二审民事判决[《人民司法·案例(2011.6)》]中的观点,"合同法规定,主张解除合同的,应当通知对方。合同自通知到达对方时解除,但对通知的理由是否正确及通知方式等均未规定。解除权的有效行使拟制为:解除合同的条件成就+通知,并无其他条件的介入"。根据上述分析可知,在本案中,境外买方享有合同解除权并且已经通过邮件方式通知国内出口商解除合同,故涉案订单已合法解除。

此外,本案境外买方并未收取货物,但是国内出口商已经交付全套提货文件给境外买方,在此情况下,货物到港后境外买方是否应当提货,承担法定的减损义务呢?依据《公约》第77条规定,"声称另一方违反合同的一方,必须按情况采取合理措施,减轻由于该另一方违反合同而引起的损失,包括利润方面的损失。如果他不采取这种措施,违反合同一方可以要求从损害赔偿中扣除原可以减轻的损失数额"。另据《合同法》第119条第1款规定,"当事人一方违约后,对方应当采取适当措施防止损失的扩大;没有采取适当措施致使损失扩大的,不得就扩大的损失要求赔偿”。(现《民法典》第591条)若非违约当事人向或将向违约当事人请求损害赔偿,那么非违约方应当履行减损义务,否则不得就扩大的损失要求赔偿。也即,减少损失义务的承担主体是“以对方违约为由而提出赔偿要求的一方当事人”。在本案中,境外买方明确于通知解除合同的邮件中表示所有损失由境外买方自行承担。故若境外买方未向国内出口商提出损害赔偿要求,境外买方并不负有法定的减损义务。

三、案件处理意见

本案中,国内出口商的邮件通知已经构成预期违约,境外买方据此解除协议,导致本案项下国内出口商丧失要求境外买方支付货款的权利。在此情况下,境外买方的未付款行为,已经不能归因于境外买方的信用问题。换言之,本案中国内出口商的损失,不属于出口信用保险的承保范围,无法得到中国信保的理赔。

四、实务操作建议

诚实信用原则是构建现代商业社会的基本原则之一,是市场经济中各个经济主体互通有无、交流协作的重要规则,在国际贸易中的作用更为明显。遵守这一原则,一方面要求出口企业以合同约定的标的、质量、数量,按照合同约定的或适当的履行期限、履行地点、履行方式全面地履行合同义务。另一方面要求出口企业不仅要全面适当地履行自身的合同义务,而且应协助对方当事人履行合同义务,不为对方当事人履行义务设置障碍。

在国际商事活动中,合同义务的履行往往需要双方的友好合作及积极配合。因此,一方违反诚实信用原则向对方提出合同约定之外的不合理要求的做法,是不可取的。一旦对方当事人拿起法律武器,往往会使违约方受到相应的损失,也容易造成两败俱伤的不利后果。

12

设计好合同条款，应对质量异议

在国际贸易中，境外买方发生货款拖欠时，常会以质量瑕疵为由要求国内企业给予货款折扣，甚至会要求国内企业退换全部货物乃至提出反索赔。在买卖双方博弈的过程中，争议焦点往往集中在货物质量的认定标准和责任承担的主体两个方面。本文以一起具体案件为例，对国内出口企业如何预防与解决可能遭遇的相关质量异议纠纷，尝试提出一些具体的解决办法，兼论设计合同条款时的注意事项。

一、案情介绍

2019 年 12 月 30 日，国内出口商与境外买方签订了涉案合同,约定国内出口商向境外买方出售百花蜜(以下简称涉案货物),约定的检测机构为A公司,合同总价150,000美元。国内出口商在涉案货物出运前委托A公司对涉案货物进行检测。2020年4月2日,A公司出具符合各项合同约定指标的检测报告(下称检测报告1)。2020年4月21日,国内出口商发运了涉案货物。2020年6月17日,国内出口商收到境外买方支付的首期货款25,000美元,后境外买方未支付涉案合同的余款。

境外买方拖欠余款后,国内出口商遂向中国信保报损。当中国信保海外渠道联系境外买方时,境外买方声称涉案货物存在质量问题,不符合涉案合同约定,并提供了使用NMR测试方法进行检测的检测报告(下称检测报告2)。检测报告2显示,涉案货物的样本中含有杂质,该样本掺有糖浆或被人为加工过,境外买方称国内出口商提供的蜂蜜掺杂其他杂质并非纯蜂蜜,因此拒绝支付货款。

对于境外买方的抗辩,国内出口商回应称:双方签订的涉案合同上并没有明确规定需要用NMR(核磁共振)测试方法进行检测,在国内出口商与境外买方的往来沟通邮件中,国内出口商明确表示不使用NMR测试方法进行检测,境外买方回复邮件表示同意。因此,国内出口商坚持认为涉案货物符合涉案合同约定的质量标准，境外买方应依约支付涉案货物余款。

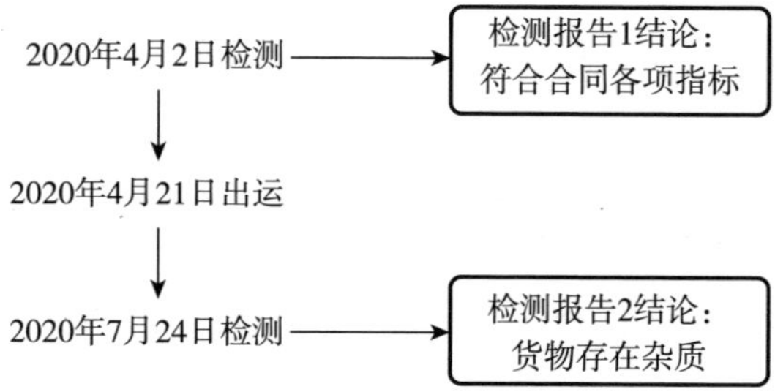

图 12－1　货物检测时间线

二、案件法律分析

基于上述案件事实，境外买方抗辩称国内出口商提供的蜂蜜掺有其他杂质，并非纯蜂蜜，因此拒绝支付货款。若境外买方抗辩成立，则会影响到涉案货款的支付，为此，下文就境外买方的抗辩主张能否成立展开分析。

国内出口商主张，其是按照涉案合同约定，在涉案货物生产好后，联系第三方机构取样后寄往买卖双方约定的检测机构 A 公司进行检测，检测报告 1 的结果显示涉案货物均符合合同质量要求。根据买卖双方 2020 年 3 月 19 日的邮件往来，双方约定卖方应在检测报告 1 得到境外买方确认之后再出运货物。根据海外调查渠道报告可知，国内出口商已将涉案合同项下的货物发运,境外买方确认已收到货物。据此,合理推断双方已经就发运前的检测报告 1 进行过确认。

2020 年 7 月 24 日,境外买方委托 A 公司用 NMR 检测方法检测涉案货物的样本,并出具检测报告 2。该报告显示涉案货物的样本中含有杂质,该样本掺有糖浆或被人为加工过。

境外买方提供的检测报告 2 和国内出口商提供的检测报告 1 均系双方约定的检测机构 A 公司出具,两份检测报告使用了不同的检测方法得出了两种不同的检测结果。

本案中,涉案合同仅约定了检测机构,对于检测方法未作明确约定。但是,根据国内出口商与境外买方在往来邮件中的沟通可知,国内出口商在邮件中明确表示不使用 NMR 检测方法,且境外买方对此回复同意,就本案中对于涉案货物的检测方法,虽然国内出口商与境外买方在合同中未明确约定,但是邮件中的表述系双方真实意愿的体现,该邮件中的表述系双方合意内容的一部分,对双方均具有约束力。既然双方已经达成检测时不使用 NMR 检测方法的合意,境外买方不应当使用 NMR 检测方法对涉案货物进行检测。

同时,国内出口商在出运前和境外买方提出抗辩后委托 A 公司对涉案货物进行了检测,检测结果均显示涉案货物均符合合同质量要求。并且,境外买方提供的检测报告 2 结论意见也载明,NMR 检测方法存在局限性,蜂蜜可能会因为所在地区不同导致结果有所偏差。可见,NMR 检测方法作为一种实验室方法,非官方指定的标准方法,不一定适用于对中国蜂蜜的判定。而且,国内出口商在邮件中明确表示不使用 NMR 检测方法时,境外买方未按照双方约定的检测方法进行检测,得出的涉案货物不符合质量要求的结果,不应作为定案的依据。

三、案件处理意见

本案中,国内出口商在合同约定的 A 公司对涉案货物进行了检测,出具的检测报告结果符合合同质量要求,而境外买方提供的检测报告 2 系采用了双方在邮件中明确排除的检测方法得出货物质量不合格的结果。两者相比较,前者更为可信,证明力更高。《最高人民法院关于适用〈中华人民共和国民事诉讼法〉的解释》第 108 条第 1 款规定:“对负有举证证明责任的当事人提供的证据,人民法院经审查并结合相关事实,确信待证事实的存在具有高度可能性的,应当认定该事实存在。”民事案件中采用优势证据的裁判规则。本案中,已经为买卖双方确认的检测报告 1 显示涉案货物与合同约定相符合。因此,根据现有证据材料,本案中,国内出口商出运的货物符合合同约定具有高度盖然性。若无相反证据,应合理推定涉案货物符合合同约定。

四、实务操作建议

从以上案例中我们可以看出，国内出口商在与境外买方订立合同时，应注意设置完备的质量检测条款。当面对境外买方类似的无理由抗辩，就可以做到有理有据的反驳。为应对潜在的质量异议，除保证自身产品无问题之外，我们建议国内出口商在设计合同条款时，注意以下合同要点和相关风险：

1. 提前约定合理的质量异议期。

实务中，很多恶意提出质量问题的境外买方，并不会在第一时间提出质量异议，而往往会在市场不景气、货物出现滞销或资金出现问题以后提出。针对这些做法，可以事前在合同中约定一个合理的质量异议期，如“有任何质量异议需在到港后 30 天内书面提出，如未提出异议，则视为默认产品无问题”。若境外买方在质量异议期未提出质量异议的，除隐蔽瑕疵外，通常视为货物符合约定。但需要注意的是，质量异议期设定要合理，要保证境外买方有合理的时间可以检验货物，不合理的、过短的质量异议期，并不一定会被法院和仲裁机构认可。

2. 买卖双方应提前约定明确的质量标准。

买卖双方对于质量标准有统一的认识或者界定，是防止质量纠纷的基础。事前在贸易合同中对产品质量标准有明确约定,能大大减少事后质量纠纷的产生。在具体约定的方式上,尽量约定己方较为熟悉的质量标准。对于有国际(国家)标准或者行业标准的产品,可以约定以该标准为质量标准。对于没有国际(国家)标准或者行业标准的产品,可以约定以双方共同确认的样品作为参照标准,样品要做好封样留存。出口商应避免以境外买方单方面的主观检验,或以模糊的语言描述作为货物是否符合约定的标准。

3. 买卖双方应约定明确其他质量检验事宜。

在合同中约定质量标准的基础上,还应约定质量检验的其他相关事宜,包括质量检验的时间、检验主体、检验方法、检验的效力等,包括质量检验的环节设置,应尽量安排在出口前检验。如约定“出货前(时间)SGS(检验主体)的抽样检验(检验方法)为最终质量检验(检验效力)”。在出口前完成检验,往往对出口方较为有利。出口前检验可以包括境外买方或其委托的第三方检验,或者买卖双方共同指定的检验机构进行检验。很多境外买方会在合同中约定以客检,甚至收货后的检验作为最终有效的质量检验,这往往会将出口企业置于较为不利的地位。

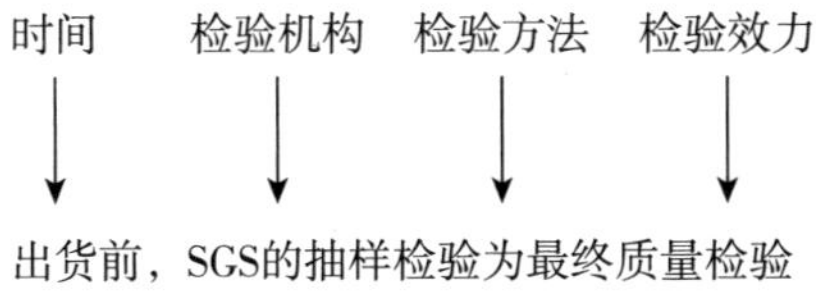

图 12 – 2　检验条款约定示例

13

出口企业是否需要承担迟延出运的法律责任

交付货物是贸易合同项下出口企业的主要义务，但出口企业能否按期履约，在跨境贸易中存在诸多不确定的因素，受到诸如原材料的供应、买方对样品的确认、承运人能否安排出运等多方面的因素。实务中，境外买方以出口企业迟延出运为由，要求扣减货款的案例屡见不鲜。本文通过分享一则实务案例，希望对国内出口商处理和应对境外买方提出的迟延出运案件，给予一定的建议和帮助。

一、案情介绍

2018 年年中,国内出口商与境外买方陆续签订了 9 组订单。根据上述订单,国内出口商向境外买方出售服装,订单适用的贸易术语为 FOB,付款方式为信用证,货物运输方式为海运。上述订单中均约定了最晚交货日期,并约定在信用证有效期内,如国内出口商在交货日期后的特定日期前,仍未能交付上述订单项下货物,未交付货物的运输方式改为空运,空运费用由国内出口商承担,且国内出口商还应向境外买方支付金额为未交付货物价值 5% 的违约金。

在合同履行过程中,由于境外买方未能及时向国内出口商确认上述订单项下服装的主标、洗标、彩卡和/或吊牌等关键性辅料(下合称关键性辅料)的样式,导致国内出口商无法在信用证有效期内完成货物生产,进而无法在信用证有效期内交付货物,国内出口商与境外买方遂将上述订单项下的货物运输方式改为空运,将付款方式改为“T/T at sight”(期电汇)。

此后,国内出口商向境外买方交付了订单项下的全部货物。2018 年 10 月至 12 月,境外买方向国内出口商出具 48 份 Credit Note(信用票据)和 Debit Note(借记单,下合称 Debit Note)。根据 Debit Note，因上述迟延交货的问题，境外买方向国内出口商扣减上述订单项下货款共计 50,000 美元，并向国内出口商支付了余款。

二、案件法律分析

对于境外买方主张的迟延交货的问题，国内出口商反驳称，因境外买方未能在交货日期内的合理期限前确认订单项下关键性辅料样式，导致货物生产周期顺延。国内出口商无法在订单约定的交货日期内完成货物生产，致使货物运输方式从海运变为空运，由此产生的空运费用及目的港国内费用，不应由因国内出口商公司承担，且国内出口商不应就此向境外买方支付迟延交货违约金。

根据现有证据材料，笔者将境外买方在上述订单项下向国内出口商确认关键性辅料样式的日期统计如下：

1. PO40000533 号订单项下，境外买方于 2018 年 6 月 12 日以电子邮件形式向国内出口商确认主标样式和洗涤标样式，于 2018 年 8 月 27 日确认吊牌样式；

2. PO40000534 号订单项下，境外买方于 2018 年 6 月 12 日以电子邮件形式向国内出口商确认主标样式和洗涤标样式，于

2018 年 8 月 27 日确认吊牌样式；

3. PO40000552 – 553 号订单项下，境外买方于 2018 年 7 月 13 日以电子邮件形式向国内出口商确认主标样式和洗涤标样式，于 2018 年 8 月 9 日确认彩卡样式和吊牌样式；

4. PO40000554 号订单项下，境外买方于 2018 年 6 月 21 日以电子邮件形式向国内出口商确认主标样式和洗涤标样式，于 2018 年 8 月 9 日确认彩卡样式和吊牌样式；

5. PO40000557 – 561 号订单项下，境外买方于 2018 年 10 月 8 日以电子邮件形式向国内出口商确认彩卡样式和吊牌样式；

6. PO40000584 – 585 号订单项下，境外买方于 2018 年 7 月 25 日以电子邮件形式向国内出口商确认主标样式和洗涤标样式，于 2018 年 8 月 20 日确认彩卡样式和吊牌样式；

7. PO40000587 – 588 号订单项下，境外买方于 2018 年 7 月 25 日以电子邮件形式向国内出口商确认主标样式和洗涤标样式，于 2018 年 8 月 20 日确认彩卡样式和吊牌样式；

8. PO40000589 – 593 号订单项下，境外买方于 2018 年 10 月 8 日以电子邮件形式向国内出口商确认彩卡样式和吊牌样式；

9. PO40000607 - 608 号订单项下，境外买方于 2018 年 9 月 1 日以电子邮件形式向国内出口商确认主标样式和洗涤标样式，于 2018 年 10 月 24 日确认彩卡样式和吊牌样式。

笔者将境外买方在上述订单项下确认的关键性辅料的时间与上述订单项下约定的交货日期进行对比，结果如表 13 - 1 所示：

表 13 - 1　关键性辅料确认时间与约定交货日期的对比

序号	订单号	批次号	主标/洗涤标确认日期	彩卡/吊牌确认日期	约定交货日期
1	PO40000533	3571S	2018/06/12	2018/08/27	2018/08/16
2	PO40000534	3572S	2018/06/12	2018/08/27	2018/08/16
3	PO40000552 - 553	3491H	2018/07/13	2018/08/09	2018/07/17
4	PO40000554	3491UK	2018/06/21	2018/08/09	2018/07/31
5	PO40000557 - 561	3672N/3673N	—	2018/10/08	2018/09/10
6	PO40000584 - 585	3677H	2018/07/25	2018/08/20	2018/09/18
7	PO40000587 - 588	3678H	2018/07/25	2018/08/20	2018/09/18
8	PO40000589 - 593	3674N/3675N	—	2018/10/08	2018/09/10
9	PO40000607 - 608	3680H	2018/09/01	2018/10/24	2018/09/18

根据境外买方向国内出口商出具的几份情况说明，主标和洗涤标须在货物生产过程中打印或缝合在货物上，彩卡和吊牌须在货物包装时添附在货物上。

国内出口商主张，境外买方在上述订单项下确认主标样本和洗涤标样本的时间过晚，导致国内出口商不得不延长货物生产周期，以致国内出口商无法在交货日期内完成货物生产。考虑到上述订单项下货物的生产流程、货物数量及国内出口商生产货物所需付出的工作量等因素，结合上述订单约定的交货日期，境外买方在涉案订单项下确认主标样本和洗涤标样本的时间，确实晚于足以让国内出口商在交货日期内完成货物生产的合理期限，致使货物生产周期延长至交货日期之后（根据现有证据材料，无法证实境外买方在 PO40000557 - 561 号和 PO40000589 - 593 号订单项下确认主标样本和洗涤标样本的时间）。

此外，根据以上表格可知，在 PO40000533 号、PO40000534 号、PO40000552 - 553 号、PO40000554 号、PO40000557 - 561 号、PO40000589 - 593号和 PO40000607 - 608 号订单项下，境外买方确认彩卡样本和吊牌样本的时间均晚于交货日期。境外买方不提供彩卡样本和吊牌样本，国内出口商便无法包装货物，进而导致无法在交货日期内完成货物生产。因此，结合境外买方迟延确认主标样本和洗涤标样本的情况，可以得知，境外买方未能在交货日期内的合理期限前向国内出口商确认 PO40000533 号、PO40000534 号、PO40000552 - 553 号、PO40000554 号、PO40000557 - 561 号、

PO40000589－593号和PO40000607－608号订单项下关键性辅料样式,导致国内出口商无法在交货日期内完成货物生产,以致无法在交货日期内向境外买方交付货物。

在PO40000584－585号和PO40000587－588号订单项下,境外买方向国内出口商确认彩卡样本及吊牌样本的时间距交货日期不满1个月。根据国内出口商向贵公司出具的几份情况说明,结合其他现有证据材料以及制衣行业的行业惯例,从境外买方确认彩卡样本及吊牌样本,到彩卡及吊牌成品运抵工厂得以用于包装货物,所需时间约为20日,且完成货物包装也需时间。再结合境外买方迟延确认PO40000584－585号和PO40000587－588号订单项下主标样本和洗涤标样本的情况,货物生产周期本就已经延长,包装时间又过于紧张,国内出口商无法在交货日期内完成货物生产,并向境外买方交付货物。因此,可以推断,境外买方未能在交货日期内的合理期限前向国内出口商确认PO40000584－585号和PO40000587－588号订单项下关键性辅料样式,导致国内出口商无法在交货日期内完成货物生产,以致无法在交货日期内向境外买方交付货物。

涉案订单不仅涉及货物的买卖,还涉及货物的生产加工。作为上述订单项下的买方,境外买方有义务在交货日期内的合理期限前向国内出口商订明包括关键性辅料样式在内的货物样式和规格。因境外买方未能履行该义务，方才导致国内出口商未能履行按期交货的义务，境外买方无权因国内出口商迟延交货向国内出口商主张因此产生的责任和损失，故境外买方在上述订单项下扣减的空运费用、目的港国内费用及迟延交货违约金，不应由国内出口商承担。

三、案件处理意见

涉案订单项下，境外买方未能在交货日期内的合理期限前向国内出口商确认关键性辅料样式，方才导致国内出口商未能履行按期交货的义务。境外买方无权因国内出口商迟延交货，向国内出口商主张因此产生的责任和损失，故境外买方在上述订单项下扣减的空运费用、目的港国内费用及迟延交货违约金，不应由国内出口商承担。换言之，境外买方应当按照涉案订单约定及时向国内出口商支付全部货款。

四、实务操作建议

上述案例中，国内出口商实际出运货物的日期，晚于合同约定的出运日期。从表面上看，境外买方提出的出口企业迟延出运的抗辩主张似乎有理有据。但考察背后的缘由，境外买方迟延确认关键性辅料样式，才是导致国内出口商迟延出运的主要原因，境外买方无权以国内出口商迟延交货主张迟延交货违约金。从上述案例中，我们可以得到以下启发：

1. 合同履行过程中，难免因为出现各种客观情况，导致一方或双方发生履行迟延，从而需要变更合同条款。在此情况下，国内出口商一定要注意及时与境外买方进行协商，并保留书面的记录。同时，国内出口商需要仔细审查合同条款，如果因此导致合同的核心条款，如交付期限、付款期限、合同金额等发生变更的，尽量以补充协议的方式，与境外买方作出明确约定。如本案中，境外买方在发生迟延确定关键性辅料样式的情况时，国内出口商未及时要求境外买方确认顺延发货时间，导致境外买方在收货物，又找国内出口商迟延发货的借口，来克扣增加的运输成本和违约金。

2. 在投保出口信用保险的情况下，国内出口商一定要注意，如果变更合同条款，一定要事先征得中国信保的同意。如果被保险人未经保险公司同意擅自变更合同，因此所造成的损失属于出口信用保险的除外责任，无法得到中国信保的理赔。实践中，发生的大多数被保险人擅自变更合同的情况，都是被保险人不了解出口信用保险的操作模式所导致的。虽然中国信保为宣传保险模式做了大量的宣传培训工作，但出口行业人员众多，不可能做到对所有业务人员的知识普及。建议国内出口商加强对企业风控人员的培训,同时加强内控流程管理,争取做到符合保险公司的要求,避免出现花了保费而得不到理赔的尴尬局面。

3. 国内出口商在遇到境外买方无理扣款时,切忌为了维护客户关系,轻率答应对方无理要求。一旦答应,就意味着主动放弃了自己的权利,同样也无法得到中国信保的理赔。在遇到此情况时,应当根据事实分清责任,做到有理有据,同时保留好证据,才是保障自身权益的更好的做法。

14 外观瑕疵有关的出口贸易争议处理

在出口贸易中，境外买方对货物提出质量异议的情况屡见不鲜。有的是货物确实存在质量问题，而有的则是买方故意以质量瑕疵为借口而拒付货款。本文将通过一起外观瑕疵质量纠纷案件的处理，来讨论质量检验期条款的重要性，以供国内出口企业参考。

一、案情介绍

国内出口商与境外买方于2018年7～9月订立了多份买卖服装的订单（以下简称涉案订单），涉案订单约定的贸易术语均为 CIF,付款条件均为 100% O/A BL DATE 90 DAYS(提单接收日起 90 日内付全款),涉案订单约定了质量异议期为 15 日,涉案订单的总价款为 200 万美元。根据涉案发票、提单、报关单和通关状态查询单等贸易材料,国内出口商已于 2018 年 8 月至 11 月将涉案订单涉及的货物全部发运给了境外买方。另据海外调查渠道出具的调查报告,境外买方确认已经收到了涉案订单项下的全部货物。

但境外买方声称涉案订单项下的全部货物都存在质量问题,外观存在撕裂和补丁。境外买方据此主张质量异议并要求退货。

二、案件法律分析

境外买方主张涉案货物存在质量问题,主张涉案货物的外观存在撕裂和补丁。标的物的质量瑕疵一般可以分为外观瑕疵和隐蔽瑕疵。外观瑕疵是指用通常方法即可检查发现的瑕疵。由于标的物的数量、型号、规格等瑕疵属于当事人尽到一般合理注意义务即可发现的,本案项下境外买方提出的涉案货物存在撕裂和补丁等质量问题,属于通常可观察到的瑕疵,应属于外观瑕疵的范围。

涉案订单约定买方应在货物到港后 15 日内提出质量异议 (in case of quality discrepancy, claim should be raised by the buyer within 15 days, after arrival of above mentioned products at the destination seaport.)。依据《合同法》第 158 条第 1 款“当事人约定检验期限的,买受人应当在检验期间内将标的物的数量或者质量不符合约定的情形通知出卖人。买受人怠于通知的,视为标的物的数量或者质量符合约定”(现《民法典》第 621 条第 1 款)和原《最高人民法院关于审理买卖合同纠纷案件适用法律问题的解释》第 18 条“约定的检验期间过短,依照标的物的性质和交易习惯,买受人在检验期间内难以完成全面检验的,人民法院应当认定该期间为买受人对外观瑕疵提出异议的期间,并根据本解释第十七条第一款的规定确定买受人对隐蔽瑕疵提出异议的合理期间”(2020 年司法解释修订后删除了本条内容)之规定,涉案订单对于货物质量检验期间的约定属于买受人对外观瑕疵提出异议的期间,境外买方应于该期间内提出相应的外观瑕疵质量异议。

三、案件处理意见

根据国内出口商提供的贸易文件可知,涉案销售合同的货物均于 2018 年 8 月至 11 月出运,境外买方并未在合同约定的

15 日检验期限内提出质量异议。按照《合同法》之相关规定，若无相反证据，现有证据材料下可以视为境外买方已接受涉案销售合同项下货物，国内出口商交付的货物符合合同的要求，因此，境外买方主张的质量异议难以成立。

四、实务操作建议

从前述案件可以看出，因国内出口商与境外买方在买卖合同中约定了明确的检验期限，境外买方在超出检验期限后，才提出质量异议，双方的责任归属比较清晰。在此情况下，中国信保在收到国内出口商的理赔申请后，最终同意定损核赔，从而有效避免了因买卖双方陷入贸易纠纷而无法理赔的局面。从本案例出发，笔者也对外贸企业提出以下建议，以降低出口贸易的企业的商业风险。

1. 签署合同时，为避免境外买方无限期的提出质量异议，尽量在合同中设置明确的检验期限，期限的长短可以综合交易性质、交易目的、标的物的种类、数量、性质、使用情况、瑕疵特点、检验方法以及其他合理因素进行确定。

2. 需要注意的是，并不是境外买方在检验期限之外提出的所有质量异议，都无法成立。一方面，如果约定的质量检验期间过短，根据货物的特性，使境外买方没有合理的时间发现货物的瑕疵，法院可能会认定境外买方提出的质量异议成立。另一方面，如果境外买方是针对货物的隐蔽瑕疵或其他不可能在约定的检验期限内发现的问题提出质量异议，则不受检验期限的限制。如合同约定出售食品的保质期为 2 年，而境外买方在保质期未满时发现食品变质，在此情况下，出口商想用 30 日的质量检验期抗辩的，明显无法成立。

3. 以下为质量检验期条款的示范文本，供出口企业参考使用："买方收到货物后，应当对货物的规格、数量、包装等外观瑕疵进行检验，若有异议应当在提货后 15 日内提出。买方未提出异议的，视为货物的规格、数量、包装符合约定。对于货物的隐蔽瑕疵，由买方委托×××鉴定机构依照×××标准进行检验，如有异议，买方应当在提货后×××日向卖方提出，并应同时提供检验报告，否则视为货物质量符合约定。"

专题五

国际贸易术语

15

CFR 术语项下卖方订船义务浅析

国际贸易术语，又称贸易条件、价格术语，是在长期的国际贸易实践中逐渐形成的，用简短的词语或英文缩写来表示交易的价格构成，确定买卖双方义务、费用、风险划分等问题的专门用语。国际商会于 1936 年发布第一版《国际贸易术语解释通则》，将国际贸易实践中使用的贸易术语予以统一规范，编纂成册，并先后于 1953 年、1967 年、1976 年、1980 年、1990 年、2000 年、2010 年和 2020 年，根据实践需要进行了修订更新。目前最新版本的《国际贸易术语解释通则》（The Incoterms rules or International Commercial Terms）是国际商会于 2019 年发布、2020 年正式生效的 2020 版，简称 INCOTERMS 2020。INCOTERMS 2020 共规定了 11 个贸易术语，本文拟通过分析一个有争议性的案例解读 CFR 术语下卖方的订船义务，以期让读者深入了解使用贸易术语的注意事项，将贸易术语规则恰当地引入合同。

一、案情介绍

2021 年 8 月，国内出口商与巴西的境外买方签订涉案合同，约定国内出口商向境外买方出售一批化学物质，贸易术语为 CFR SANTOS，付款方式为“T/T 120 DAYS FROM BL DATE”（提单日起 120 天内电汇支付），并约定“CONDITIONS：TRANSIT TIME，MAXIMUM 45DAYS”（条件：运输期限，最长不超过 45 天）。

合同订立后，国内出口商委托货运代理公司向船公司预订了 40 天左右到港的快船。2021 年 8 月 24 日，国内出口商向境外买方开具涉案合同项下的商业发票，并将涉案货物装船交付承运人。货物发运后，船公司航线调整，将涉案货物从船期 40 天的快船转移到了船期 90 天的慢船上。

货物于 2021 年 11 月 23 日抵达 SANTOS 港（桑托斯港，巴西圣保罗的外港），境外买方收取了货物，但拒付货款，并主张涉案合同约定的运输期限为 45 天，涉案货物运期明显超出约定期限。国内出口商抗辩其明确向货运代理表明不要慢船,并通过货运代理向船公司预定了船期 40 天左右的快船,货运代理也依约预定了快船,涉案货物也交付装运到了快船上。本案系因船公司航线调整导致的船期变长,相关责任不应由出卖人来承担。

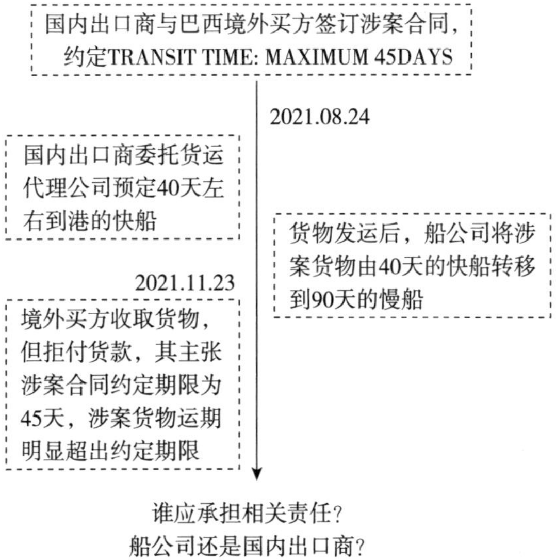

图 15－1 贸易主要节点时间线

二、案件法律分析

根据《国际贸易术语解释通则 2020》,CFR 全称 COST

AND FREIGHT(成本加运费)，该术语下卖方的义务：A2 交货——卖方必须以将货物装上船，或者以已取得如此交付的货物的方式交货。A3 风险转移——除按照 B3 的灭失或损坏情况外，卖方承担按照 A2 完成交货前货物灭失或损坏的一切风险。A4 运输——卖方必须签订或取得运输合同，将货物自交货地内的约定交货点(如有)，运送至指定目的港，或位于该港内的任何交货点。运输合同必须按照通常条款订立，由卖方承担费用，经由通常航线，用通常用于运输该类货物的船舶运输货物。[①] 也即，CFR 下应由卖方承担订立运输合同的义务，如双方无特别约定，卖方应按照通常条款订立运输合同。卖方将货物装船交付给承运人后，风险由卖方转移给买方。

本案中，涉案合同约定的贸易术语为 CFR SANTOS，并约定 CONDITIONS：TRANSIT TIME, MAXIMUM 45DAYS(条件：运输期限，最长不超过 45 天)。根据前文可知，CFR 下卖方应承担订立运输合同的义务，也即出口商负责订立将货物从装运港运送到 SANTOS 港的运输合同，并依据特别约定之要求保证运输期限不超过 45 天。出口商依照合同之约定预订了船期 40 天左右的快船，因第三人船公司航线调整之原因将涉案货物

① 参见中国国际商会：《国际贸易术语解释通则 2020》，对外经济贸易大学出版社 2020 年版，第 99 页。

从快船调整到了慢船上，导致货物运输超期。关于货物运输超期是否应归责于出卖人有两种观点。一种观点认为，出口商将货物装船交付给船公司后，风险就转移给了境外买方，应当由境外买方承担货物迟延到港的风险。另一种观点认为，出口商由于第三人（承运人）造成违约的，仍然应当向境外买方承担违约责任。

对于第一种观点，笔者查阅了对外经济贸易大学出版社出版的中国国际商会组织翻译的《国际贸易术语解释通则 2020》，载明 CFR 下“B3：买方承担按照 A2 交货时起货物灭失或损坏的一切风险”。英文原文：“B3：The buyer bears all risks of loss of or damage to the goods from the time they have been delivered under A2.”从上述规则内容来看，交付后转移的风险仅限于货物的损坏或灭失，没有合理的依据对该风险进行扩大解释，即认为货物迟延到港的风险也应一并转移。在出口商和境外买方之间，货物灭失或损坏的风险在出口商将货物装船交付给承运人时转移，但并不包括双方约定的货运时间延迟的风险。

此外，依据《民法典》第 593 条“当事人一方因第三人的原因造成违约的，应当依法向对方承担违约责任。当事人一方和第三人之间的纠纷，依照法律规定或者按照约定处理”之规定，国内出口商和境外买方双方明确约定 CONDITIONS：TRANSIT

TIME, MAXIMUM 45DAYS(条件:运输期限,最长不超过 45 天),国内出口商由于第三人(承运人)之原因造成违约的,仍然应当向境外买方承担违约责任。国内出口商向境外买方承担违约责任后,可以向承运人追责。

三、案件处理意见

国内出口商与境外买方涉案合同约定的贸易术语为 CFR SANTOS,并约定最长运输期限为 45 天,鉴于此,应由国内出口商承担订立运输合同至 SANTOS 港口的义务,并保证运输期限不超过 45 天。虽然国内出口商确实将货物装运到符合约定期限的快船上,且是由于第三人(承运人)原因造成运输期限超期的,但依据《民法典》第 593 条之规定,因第三人(承运人)原因导致的运输期限超期的责任仍应由国内出口商来承担。

四、实务操作建议

在贸易合同中使用约定俗成的贸易术语能够便捷地划分买卖双方的义务,明确报价的组成,减少沟通成本,提高交易效率。但实践中,贸易双方并不总是严格地按照贸易术语的约定划分风险、责任,双方会根据实际需要进行特殊约定,从而可能变更贸易术语原有的义务划分规则。故笔者建议出口企业在选择使用贸易术语时，注意以下事项：

1. 21 世纪以来《国际贸易术语解释通则》已更新了三个版本，各版本之间也存在诸多实质性的差别。贸易双方在使用贸易术语时，应明确适用的版本，以免发生争议。

2. 完备的贸易术语的表示规则为"贸易术语 + 地名 + 版本"，比如本案中的"CFR SANTOS INCOTERMS 2020"。需要注意的是，C 组规则（CPT、CIP、CFR、CIF）中，贸易术语后跟定的地点是卖方组织货物运输并支付运费至该地点的目的地，但该地点并非交货地和风险转移地。而在除 C 组外的其他组贸易术语中，贸易术语后跟定的地点表明了货物交付完成的地点，也即风险从卖方转移给买方的地点。

3. 贸易双方可以选择使用不同版本的多种贸易术语，当然也可以就具体某一种贸易术语规定的权利、责任、义务进行修改。但贸易双方如意欲修改贸易术语的规则或进行特殊约定，一定要在合同中清晰明确地表述特殊约定或修改意欲达到的效果，以免发生责任划分不清的风险。

16

EXW 术语项下的包装义务

EXW 贸易术语是指当卖方在其所在地或其他指定的地点(如工场、工厂或仓库)将货物交给买方处置时,即完成交货,卖方不负责办理出口清关手续或将货物装上任何运输工具。即出口商只负责将货物在工厂仓库交给买方或其委托的货代,就完成交货义务。EXW 通常被认为是卖方承担责任最小的贸易术语。买方必须承担在卖方所在地受领货物后的全部费用和风险,但这并不意味着卖方在除供货外不承担任何义务,本案中就涉及在 EXW 贸易术语下卖方的妥善包装义务。

一、案情介绍

本案中,国内出口商与境外买方签订了一份适用 EXW 术语的销售合同(下称涉案合同),约定出口商将一批 LED 天花灯、LED 壁灯售给境外买方。国内出口商如期交付货物,境外买方在收到货物后,却拒绝付款。理由是在境外买方收货时,发现涉案合同项下的货物已毁损,而货物毁损的原因正是出口商没有提供符合运输要求的货物包装。出口商抗辩称在涉案合同中并未约定具体包装条件,其按照国内通常的包装方式打包并未违反合同约定。

由此,明晰出口商所应承担的包装义务具体内容,就成了问题的关键。

二、案件法律分析

依据《公约》第 35 条第 2 款(d)项“按照同类货物通用的方式对货物进行了装箱或包装,如果没有此种通用方式,则按照足以保存和保护货物的方式进行了装箱或包装”和《国际贸易术语解释通则 2010》EXW 术语下 A9 条款“卖方需要自付费用包装货物(不需要包装的除外)。卖方对于货物包装应当适用于货物运输,除非装运前买方通知特别的包装要求”之规定可知,适用 EXW 术语下的卖方负有义务采用适用于货物运输的方式进行包装,除非买卖双方就包装要求有特别约定。

根据国内出口商提供的关于货物毁损及索赔金额的说明及买卖双方往来邮件可知,国内出口商主张涉案货物的包装是根据境外买方的要求设计和定制的,是境外买方为节省运输空间及运费而要求去掉外箱。但国内出口商就其提出的所有抗辩意见,均以手机问题无法调出微信记录或其他原因为由,未能提供任何证据或文件加以证明。

依据《民事诉讼法》第 67 条第 1 款“当事人对自己提出的主张,有责任提供证据”和《最高人民法院关于适用〈中华人民共和国民事诉讼法〉的解释》第 90 条第 2 款“在作出判决前,当事人未能提供证据或者证据不足以证明其事实主张的,由负有举证证明责任的当事人承担不利的后果”之规定,结合上述分析,比较现有证据,根据“谁主张,谁举证”的民事证据规则,国内出口商的主张没有证据依据,国内出口商应当承担举证不能的不利后果。本案项下应推定国内出口商主张的境外买方通知过特别包装要求的情形无法认定,国内出口商负有对货物以适用于货物运输的方式进行包装出运的义务。

在境外买方接收前,涉案订单项下的货物已发生货物毁损。涉案商品为 LED 天花灯、LED 壁灯,采用集装箱方式运输,不属于通常易发海上运输风险的货物,因而其毁损与出口商的包装方式有密切关联。而国内出口商负有以适用于货物运输的方式进行包装出运的义务,国内出口商未能提供证明己方免责的证据,其应就货物毁损承担相应责任。

三、案件处理结果

在境外买方与国内出口商的买卖合同关系中,因包装原因导致的货物毁损问题应归责于国内出口商。依据《保险条款》之除外责任的规定,针对被保险人或其代理人违约、欺诈以及其他违法行为所引起的损失,或被保险人的代理人破产引起的损失,保险人不承担赔偿责任。因此,对于因国内出口商原因导致的货物毁损并进一步导致境外买方不支付货款的损失,保险人不承担赔偿责任。

四、实务操作建议

通过上述案例的分析,笔者向外贸企业提出以下建议:

1.《国际贸易术语解释通则2010》EXW术语项下仅规定“卖方应采取适宜运输的包装方式”。其中“适宜”二字过于笼统,在合同履行过程中难免产生纠纷。因此,在适用EXW术语的合同中,最好更加具体地约定包装材料、包装方式等具体事项,避免合同双方在日后履行合同的过程中就包装问题产生争议。

2. 出口企业在使用EXW贸易术语时,最好写清楚指定的具体交货地点;按照术语的一般规则,若在指定的地点内未约定具体交货点,或有若干个交货点可使用,则卖方可在交货地点中选择最适合其目的的交货点。通常,出口企业是没有义务将货物装上前来装载货物的运输工具的,如果境外买方需要出口企业负担装货的义务,那么双方应该在合同中特别注明。

3. 出口企业在使用EXW贸易术语时,虽然不需要自己办理货物出口的相关手续,但是有义务向进口商提供货物出口过程中的相关资料和单证,并且保证资料的完整性。

17

延期清关的损失费用承担

在国际贸易中，因延期清关产生的损失费用，很容易在买卖双方之间产生争议。本文以一起因延期清关引发的纠纷案件为例，对国内出口商如何预防和解决相关问题，尝试提供一些分析和建议。

一、案情介绍

2017年2月至7月，国内出口商与境外买方签订系列合同，共涉及72笔交易。境外买方向国内出口商购买总价值为7,285,584.43美元的人棉纱产品，国内出口商根据境外买方要求将货物运送至墨西哥城，付款方式均为O/A180日。在72笔交易中，有35笔交易（总金额3,054,941.53美元）采用的贸易术语为CIF，有37笔交易（总金额4,230,642.90美元）采用的贸易术语为LDP。

国内出口商于2017年3月22日至2017年7月31日，根据合同约定分72笔将涉案货物出运，收货地点为墨西哥城。国内出口商为协助境外买方解决资金周转问题，自2017年6月26日之后出运的37笔货物采用LDP贸易术语，代境外买方支付清关费用。为此，境外买方向国内出口商承诺支付清关费用4%的利息，全权控制货柜从目的港到仓库的所有通关步骤，所有环节的风险由境外买方承担。

国内出口商自2017年7月10日至2017年9月22日分8次向货代支付清关费用1,501,000.00美元。

国内出口商认为其已如约履行交货义务，并为境外买方垫付了清关费用，境外买方应向其支付全部货款即7,285,584.43美元。境外买方称国内出口商未按时交货并未按时支付清关费用，导致清关延迟，致使境外买方产生大笔延期费用和罚款，并产生100万~200万美元退货和订单取消的损失。鉴于此，境外买方拒绝向国内出口商付款。

二、案件法律分析

本案中，买卖双方对于37笔货物的贸易术语由原来的CIF变更为LDP。根据交易习惯，LDP项下国内出口商除应承担CIF项下的义务之外，还应承担所有进口关税，包括海关验关费用及因货物进口并交付境外买方而需支付的任何其他捐税或费用。也即，在LDP贸易术语下，如无相反约定，按时缴纳关税的义务由国内出口商承担。此外，根据双方签署的《承诺书》，双方对于LDP贸易术语作出了以下约定：(1)由境外买方购买货物从目的港到仓库的保险；(2)双方共同操作清关流程；(3)货物从目的港到仓库的风险由境外买方承担；(4)境外买方向国内出口商支付清关费的4%作为垫付LDP成本的报酬。在该四项约定中，其中前三项都是针对货物本身的运输事项作出的细化约定，均没有指向对国内出口商缴纳关税义务的变更。而第四项是针对垫付费用的报酬，恰恰暗含了国内出口商应当承担缴纳关税的义务之意。因此，一旦因未按期缴纳关税造成损失，应当推定由国内出口商承担相应的责任。

境外买方称因国内出口商迟延支付清关费用导致清关延迟，国内出口商就此抗辩称其已根据境外买方的要求及时付清了全部的垫付费用，并提交中国银行电子回单佐证，双方对是否发生迟延付款的事实发生争议。

本案未发现涉案货物进口海关（墨西哥海关）作出的限期缴费通知、处罚通知及境外买方要求国内出口商支付清关费用的书面通知等相关证据材料，无法认定涉案货物应当办理清关的最后时间。虽然，根据《民事诉讼法》第 67 条第 1 款"当事人对自己提出的主张，有责任提供证据"的规定，境外买方主张国内出口商迟延付款的事实，其应当就付款时限承担举证责任。但国内出口商于 2018 年 4 月 27 日出具的抗辩意见中称："我司于 2017 年 7 月 14 日付出首笔进口清关费用后，汇款行厦门中行要求对后续的对外汇款进行核查，原来的付款方式无法顺利进行。债务人希望改变付款路径，进口关税不再直接付给他们目的港的货代。2017 年 8 月 10 日，债务人指示我司付款至其在国内的货代。我司立即按债务人的指令付款至债务人指定的收款人，即公司已经向债务人履行了相应的付款义务。据了解，货代公司代收款转付给债务人的过程中，在 8 月底也遇到其汇款行的核查，导致款项延迟付出。"可见，国内出口商已认可清关费用迟延支付的事实，根据《最高人民法院关于民事诉讼证据的若干规定》第 3 条第 1 款的规定，一方当事人对另一方当事人陈述的案件事实明确表示承认的，另一方当事人无须举证。

境外买方虽未提交延期清关的证据，但国内出口商已认可迟延支付清关费用的事实，因此，境外买方无须再举证证明是否已延期清关。

境外买方主张因国内出口商延期垫付清关费用导致其清关迟延，致使其产生大笔延期费用和罚款，并产生100万~200万美元退货和订单取消的损失。本案材料中虽未发现墨西哥海关对境外买方作出的处罚决定、境外买方的缴纳罚款凭证及货物实际损失情况等证明材料，但由于延期清关这一事实国内出口商已认可，而该等违约事实可能会对境外买方是否能及时向下游买家交货产生一定的影响，但就上述损失金额境外买方尚未提供具体的说明。

三、案件处理意见

因国内出口商已认可迟延支付清关费用，若无其他情形，可以初步认定本案存在清关迟延的事实。但对于清关迟延所产生的损失及损失如何承担的问题，双方各执一词，最终责任认定可能还需要国内出口商与境外买方通过诉讼或仲裁的方式，由司法机关作出相应的裁判。

四、实务操作建议

随着国内企业对外贸易的需求不断增长，出口企业在对外签订合同及履约过程中，都要考虑延期清关的问题，尽量避免因延期清关导致的资金损失。本文给出以下几点建议供参考：

1. 在签订买卖合同时，应当明确出口清关、进口清关的责任方。使用国际贸易术语的，一定要搞清楚贸易述语的含义，避免因误解而承担本应由对方负担的责任。双方对使用的贸易术语进行部分更改的，一定要考虑全面，用语准确，避免使用模糊、有歧义的描述。

2. 在进行货物清关单据准备时，需按照海关审单要求，编制好信息完整、品类清晰的单据。同时，尽量多地关注境外买方所在国海关、政府、业主等环境政策的变化，及时进行进口货物清关工作的更新及研究，做到有备无患。

3. 一旦发生延期清关的问题，买卖双方要尽量诚意沟通，求同存异，保持发货人、承运人、代理、进口方各方之间的密切沟通，尽可能把损失降到最低。双方要注意尽量避免陷入互相推诿指责的局面，否则往往会导致损失扩大。当然，遇到对方提出完全无理的要求，也要有理有节，不能过度让步，甚至放弃自己的主要权利。

表 17-1　INCOTERMS 2020 不同贸易术语的清关费用承担主体一览表

	Export Duty & Taxes（出口清关费用）	Import Duty & Taxes（进口清关费用）
EXW	买方	买方
FCA	卖方	买方
FAS	卖方	买方
FOB	卖方	买方
CFR	卖方	买方
CIF	卖方	买方
CPT	卖方	买方
CIP	卖方	买方
DAT	卖方	买方
DAP	卖方	买方
DDP	卖方	卖方

18 货物运输过程中的风险责任承担

在国际贸易中，境外买方在资信状况恶化、付款能力下降的情况下，以货物存在质量问题为由拒付，或是要求减价的案例屡见不鲜。本文通过分享一则实务案例，希望对国内出口商处理和应对境外买方提出的质量异议的案件，给予一定的建议和帮助。

一、案情介绍

2019 年 3 月 6 日，国内出口商同境外买方签订了一份买卖葵花籽的合同，合同主要内容如下：由出口商向境外买方提供 46 吨的葵花籽，单价为每吨 1300 美元，适用贸易术语 CFR，运送至土耳其某港口，总金额为 59,800 美元，允许溢短装 5%。

如卸货港发现质量或重量指标与装运港有明显不符，卖方和买方应共同友好协商解决。由买方按照《伦敦保险协会货物保险条款》投保一切险，包括过热、汗损、结块及自燃险。

2019 年 4 月 6 日，国内出口商将涉案合同项下的货物交付给承运人并通过海运方式运输至土耳其某港口。后续，境外买方提走涉案合同项下的货物，并安排货物从伊拉克清关。按照涉案合同约定的付款条件 T/T 20% IN ADVANCE & BALANCE 80% ON RECEIPT OF B/L COPY，境外买方收到提单副本后即应当向国内出口商支付合同剩余货款。

但是，在向境外买方催讨货款的过程中，境外买方公司的所有人 MR. BUNYAMIN 抗辩称："... the goods (sunflower seeds) became bug-infested at the customs at iran"，涉案货物葵花籽在到达伊朗海关时存在虫害变质的问题，因此主张在剩余货款中扣减损失金额。

二、案件法律分析

对于境外买方主张的葵花籽生虫问题，涉案合同明确约定了 CFR 价格条款，根据 INCOTERMS 2010，CFR 贸易术语下的风险应自货物在装船港（本案中为天津新港）交到船上时转移。只有在证明货物在装船以前已有缺陷,而非由于装船后的风险而受损的情况下,卖方才应承担责任。即本案项下货物变质风险自在装船港(本案中为天津新港)交到船上时转移,除非证明货物在交付时已存在虫害变质问题,否则国内出口商不应承担责任。

其次,参见最高人民法院作出的联中企业(资源)有限公司、厦门国贸集团股份有限公司买卖合同纠纷再审民事判决"生虫属于风险责任,即经过一段时期后货物自然发生的品质变化,应由贸易双方通过价格术语分配风险"的观点,境外买方对本案项下货物所称的葵花籽生虫问题同样也应归结于风险责任,由买卖双方通过贸易术语约定分配具体的风险。

本案项下货物在出运之前按照规定程序通过张家口出入境检验检疫局检验,结论:"货物不带有输入国或地区规定的检疫性有害生物,并且基本不带有其他有害生物,符合输入国或地区现行的植物检疫要求",并取得了相应的健康证书。上述证据材料已通过中国国际贸易促进委员会的认证。出入境检验检疫局作为国家机关,其依职权出具的公文书证证明力较高,由其出具的检验证书证实,涉案货物在出运时不存在虫害。且自涉案货物越过装运港(本案中为天津新港)船舷之前,境外买方也未向出口商提出过货物质量问题。现有证据材料下可以推定国内出口商出运时交付了符合合同约定的货物。

此外,境外买方提供了伊朗农业部关于存在生虫问题的检验报告[The report issued by the ministry of agriculture of IRAN, indicating that the goods have been contaminated by insects(bug-infested),该报告由伊朗农业部出具,显示货物存在生虫问题]、灭虫公司出具的书面文件和若干生虫图片,用以证明货物存在质量问题。但是存在以下问题:(1)涉案提单载明的收货人 BALOOCH INTL TRANSPORT COMPANY(以下简称 BALOOCH 公司)在 2019 年 12 月 11 日回复国内出口商,涉案货物在提货时未发生质量问题,清关过程中也未作过任何虫害处理。这与境外买方所作的货物在伊朗海关时存在虫害并进行过虫害处理的表述自相矛盾。BALOOCH 公司作为非涉案合同当事人的第三方及实际提货人,其对于货物在伊朗清关时的状态的表述相较于境外买方事后提出的抗辩可信度更高。(2)境外买方提供的证据材料并未对涉案货物变质原因作出说明,无法排除由于装船后的风险而使货物受损的情形。因此,本案项下境外买方提供的证据材料不足以证明涉案葵花籽在装运前存在质量问题。故非由于装船时已经存在的原因而在装船以后发生的损坏不应由国内出口商承担责任。

三、案件处理意见

涉案合同明确约定 CFR 价格条款,货物风险自在装船港

(本案中为天津新港)越过船舷时转移,除非证明货物在交付时已存在虫害变质问题。涉案货物在出运前通过出入境检验检疫,并不存在虫害问题,现有证据材料下可以推定被保险人出运时交付了符合合同约定的货物。而境外买方事后所提出的虫害变质抗辩,其一是与涉案货物实际收货人 BALOOCH 公司所作的货物在清关时未发生质量问题、清关过程中也未作过任何虫害处理的表述自相矛盾。其二是境外买方提供的证据材料并未对涉案货物变质原因作出说明,无法排除由于装船后的风险而使货物受损的情形。因此,本案项下境外买方提供的证据材料不足以证明涉案葵花籽在装运前存在质量问题,境外买方关于在剩余货款中扣减损失金额的抗辩难以成立。与之相反,境外买方应当按照涉案合同约定及时向国内出口商支付剩余的货款。

四、实务操作建议

通过本文案例的分析,提示出口企业在应对货物运输风险时,应注意以下事项:

1. 签订合同时,双方要明确约定货物风险的转移节点,避免因约定不明导致发生争议。如果使用国际贸易术语时,根据最新的《国际贸易术语解释通则 2020》的规定,一般在 E 组

(EXW)、F 组(FCA、FOB、FAS)、C 组(CFR、CIF、CPT、CIP)的贸易术语项下,货物运输阶段的风险原则上由境外买方承担,但各术语项下货物风险转移的节点略有不同;而在 D 组(DAP、DPU、DDP)贸易术语项下,货物运输风险原则上由发货人承担。

2. 在贸易实际履行过程中,要严格按照约定履行合同义务,取得完整的贸易单据、检验证明等,同时注意保留相关的书面证据。比如检验证明、出运前的货物照片、出厂合格证明、第三方质检机构的检验结果等。在上述案例中,双方的争议焦点为虫害发生的时间。若是发生在装船前,就属于货物质量问题,国内出口商应承担相应的合同责任;若是发生在装船后,就属于货物在运输过程中发生的风险,买方应承担相应的货物损害风险。本案中,国内出口商提供的关键证据,其是出入境检验检疫局出具的检验报告,是证明货物在发货前无虫害的官方证明材料。假设出口商未能提供该证据,则本案很难仅靠法律上的分析来分清双方的责任,而需由司法机关结合双方的进一步举证或者委托鉴定等方式来作出裁判。

3. 贸易过程中双方如产生争议,出口企业也要积极应对,对境外买方提出的抗辩主张予以合理的举证和反驳。必要时,要尽早向律师等专业人员咨询,避免因采取的措施不当,导致权利受到重大损失。

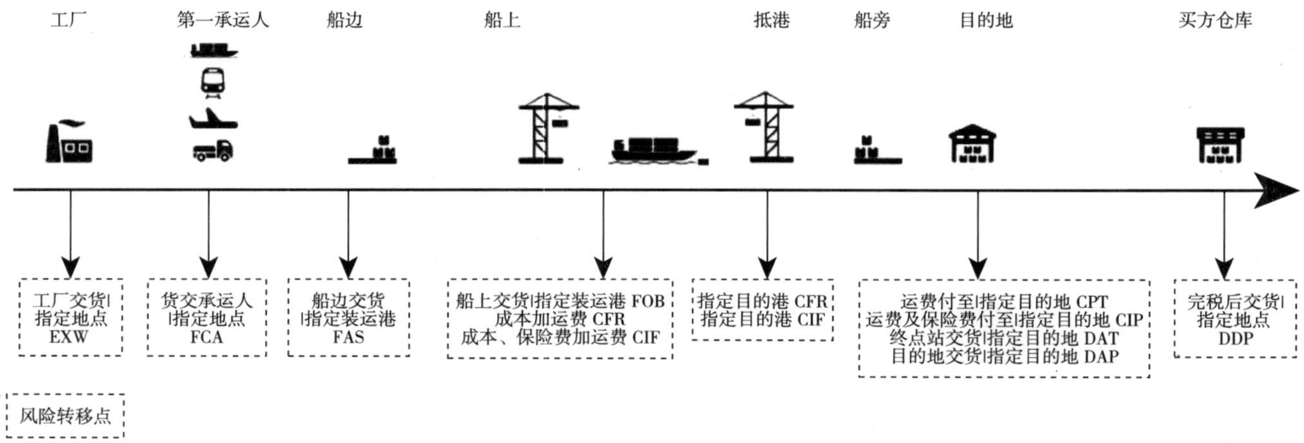

图 18－1　不同贸易术语的风险转移点

专题六

合同变更

19

接收货物并不意味着放弃索赔

在国际贸易中，出口商往往会受到原材料市场波动、航运市场波动、防疫政策等诸多因素的影响，导致难以按合同约定的出运日期将货物出运。这种情况下，出于急于获取货物以避免进一步损失的目的，进口商往往不会在货物出运前与出口商就迟延出运讨论赔偿事宜，而是催促出口商尽快发货，以便尽快收到货物。但进口商的收货行为，往往并不意味其放弃了向出口商索赔的权利。如双方最终未对合同约定的出运日期加以变更，或者就迟延出运免责达成一致，进口商仍有权就迟延出运事宜向出口商索赔，并可能引发双方在货款支付问题上的进一步争议。

一、案情介绍

2021 年 9 月，国内出口商与印度尼西亚的境外买方签订货物买卖合同，约定由国内出口商向境外买方出售货物，适用 CFR 贸易术语，付款条件为 30% 首期款、尾款提单签发后 90 日内支付，货物出运日期不应迟于 2021 年 12 月 5 日。

合同签订后，境外买方依约支付了 30% 首期款，但国内出口商直至 2021 年 12 月 24 日才将货物出运。在货物出运前，境外买方未就迟延出运事宜向出口商提出索赔。货物出运后，国内出口商向境外买方交付了提单等相关单据。货物到达目的港后，境外买方接收了货物。尾款期限届满后，境外买方提出国内出口商迟延出运货物，进而拒绝支付尾款，并索赔因迟延出运货物造成的损失。

就此，国内出口商认为，境外买方在货物实际出运前未就迟延出运事宜向国内出口商索赔，且境外买方接收了提单等相关单据，并提取了货物，境外买方已经以实际行为同意变更了合同约定的出运日期，放弃了就迟延出运事宜向国内出口商索赔的权利。

二、案件法律分析

《民法典》第543条规定:“当事人协商一致,可以变更合同。”第544条规定:“当事人对合同变更的内容约定不明确的,推定为未变更。”本案中,国内出口商和境外买方未就变更合同约定的出运日期事宜或境外买方放弃索赔事宜加以讨论。同时,根据案件材料,国内出口商与境外买方之间也不存在境外买方接收货物即视为放弃索赔的约定或交易习惯。也即,本案买卖双方未明确达成变更合同出运日期的合意,境外买方也未就迟延出运向国内出口商索赔。

《民法典》第577条规定:“当事人一方不履行合同义务或者履行合同义务不符合约定的,应当承担继续履行、采取补救措施或者赔偿损失等违约责任。”此外,《民法典》第563条第1款第4项还规定,当事人一方迟延履行债务或者有其他违约行为致使不能实现合同目的的,当事人可以解除合同。具体到本案中,对于国内出口商迟延出运货物事宜,境外买方应有权要求国内出口商赔偿就此产生的损失;在迟延出运事宜致使合同目的不能实现的情况下,境外买方还有权拒绝接收迟延出运的货物。境外买方实际接收了迟延出运的货物,只能说明境外买方放弃了其可能享有的拒收货物的权利，不能说明境外买方默示接受出运日期的变更并放弃针对迟延出运事宜向国内出口商索赔的权利。

此外，从公平原则和诚信原则出发，本案双方均知晓，境外买方收到国内出口商货物后，还要向其国内下游买方供货。国内出口商迟延出运货物，可能导致境外买方对其下游买方违约。为减小违约带来的损失，境外买方在实际收到货物前与国内出口商搁置关于迟延出运索赔的争议，只是催促并配合国内出口商尽快出运货物，这属于商事主体的合理做法。如果仅因境外买方接受了迟延出运的货物就认为其放弃了针对迟延出运事宜向国内出口商索赔的权利，并要境外买方独自承担国内出口商迟延出运货物给其造成的损失，有违公平原则和诚信原则。

三、案件处理意见

综合上述分析，本案中，双方并未就合同出运日期或境外买方放弃就迟延出运向国内出口商索赔事宜，达成变更合同的合意。同时，境外买方接收单据及货物的行为，也不能说明境外买方接受了出运日期的变更，并放弃向国内出口商索赔的权利。在国内出口商无进一步免责事由的情况下，国内出口商应就其迟延出运货物向境外买方赔偿损失。

四、实务操作建议

通过上述案例的分析,可以看出进口商接收迟延出运的货物,并不意味其放弃了就迟延出运进行索赔的权利。在此,笔者也向国内出口商提出以下建议:

1. 国内出口商应当充分重视合同关于发货期限的约定,尽量保证按时交货,一旦发生逾期交货,就很可能引起双方的争议,使合同履行遇到不可预测的风险。

2. 合同签订阶段,一是要注意预留充分的备货时间,在正常的预估时间之外,尽量多留出富余量,做到有备无患;二是如果预见到可能会因某些不可控的因素影响到交货,尽量提前向境外买方说明,并列入合同的免责事由条款中;三是针对逾期发货的情形,最好约定相对具体的违约责任,如每逾期一日,按合同金额的固定比例承担违约金。这样一旦发生迟延,违约责任容易量化。

3. 合同履行阶段,如果出现合同约定的免责事由或发生法定的不可抗力事件,导致无法按期发货的,国内出口商应当在第一时间通知境外买方,共同协商,尽量将损失降到最低。

4. 如果确因国内出口商自身原因导致无法按期交货的,建议国内出口商尽早向境外买方提示风险,积极沟通协商解决办法。在出运前,货物尚未脱离国内出口商的实际控制,此时国内出口商还处于相对有利的谈判地位,进口商往往愿意给予国内出口商一定的妥协和让步。国内出口商千万不要拖延到违约后才向境外买方说明情况,使境外买方没有准备时间,极易造成更大的损失,也容易引发境外买方的对立情绪,导致买卖双方陷入互相推诿和责难的境地。

20

合同变更对保险理赔的影响

在国际贸易中，出口商与境外买方之间因合同变更引发的纠纷不在少数。出口商除了要关注贸易合同变更的内容及保存证据外，还要留意保单项下关于贸易合同变更情形下作为被保险人应当承担的义务。本文即以一起买卖双方口头变更合同内容，以致影响到保险责任承担的案件为例，对国内出口企业如何预防与解决可能遭遇的合同变更风险，尝试提出一些建议。

一、案情介绍

2016年1月1日，卖方与其代理人签署《代理协议》，双方约定代理人代理卖方开展国际业务并对外签署合同，代理期限自2016年1月1日至2019年1月1日。

2017年2月28日，境外买方向代理人发邮件，称其需要采购商品，并要求代理人按邮件要求准备形式发票。3月3日，代理人将起草好的形式发票通过邮件发送给了境外买方，并向境外买方称其仅是卖方的代理人，境外买方对此未表示异议。3月10日，境外买方发邮件要求代理人修改形式发票并将修改后的形式发票回传、由其确认。同日，代理人将修改好的形式发票回传给了境外买方，境外买方予以确认。修改后的形式发票抬头为卖方代理人，货款金额为27,797.9美元，支付方式为20%的预付款，余款于收到提单副本后付清。另外，卖方称已经通过代理人同意了境外买方口头要求，将付款方式由“预付款20%，余款于收到提单副本后付清”变更为“100% D/A即期”。

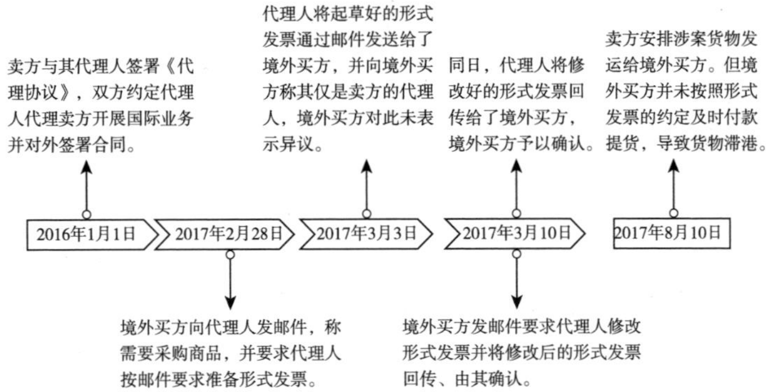

图20-1　主要贸易事实时间线

2017 年 8 月 10 日，卖方安排涉案货物发运给境外买方。但境外买方并未按照形式发票的约定及时付款提货，导致货物滞港。境外买方主张卖方未经其同意就发运了涉案货物。最后，经多轮沟通，境外买方同意提货并支付滞港费，但境外买方要求卖方给予其 30% 的折扣才支付货款。

二、案件法律分析

根据代理人和境外买方间的往来邮件可知，2017 年 3 月 3 日至 10 日，卖方的代理人与境外买方就涉案形式发票的具体内容进行了协商。境外买方也对代理人回传的修改版形式发票进行了确认。从法律层面上讲，代理人发送修改版形式发票的行为构成要约，境外买方的确认行为构成承诺，现卖方的代理人和境外买方已经对形式发票的内容达成一致，双方买卖合同关系成立。

后续，卖方安排涉案货物出运。根据保险公司委托的海外渠道调查可知，涉案货物已到港，但境外买方拒收了货物，并且声称卖方未经其同意就发运了涉案货物。经核查形式发票，双方约定了出运时间，该约定如无其他事由，对买卖双方均具有约束力。卖方的出运行为，恰恰是在履行买卖双方在涉案形式发票中所作的约定，卖方无须再次向境外买方进行确认，境外买方的抗辩主张难以成立。

因此，本案卖方代理人代表卖方与境外买方联系并确认形式发票，境外买方明知代理人为卖方代理，符合直接代理的特征，涉案形式发票应当直接约束买卖双方。根据《民法典》第926 条之规定，现境外买方拒绝收货付款，卖方依法可以向境外买方主张涉案合同债权。

通常情形下，卖方依法可以向境外买方主张涉案合同债权，若无其他除外责任情形，保险公司都会进行定损核赔。但本案需要额外注意的一点是，涉案形式发票约定的付款方式为“预付款 20%，余款于收到提单副本后付清”，但其后买卖双方口头变更为“100% D/A 即期”。经海外渠道调查反馈，境外买方对此未予以否认，境外买方事实上也未再支付 20% 预付款。

虽然，按照《民法典》的规定当事人双方协议一致即可变更合同。变更合同约定系买卖双方之间的自由，若无其他无效事由，应当合法有效。但这个是法律给予的效力性评价。在保险定损核赔过程中，还需要查看是否符合保险公司和被保险人间的合同约定。

参照《出口信用保险从业指南》一书，“在 ECA 所承保的交易中，被保险人出口商或银行有时会同意境外买方修改贸易或贷款合同的一些条款。如果这会影响 ECA 所承保的信用风险，或者如果它不符合 ECA 保单条款，则这种修改必须经 ECA 同意”。[①] 按照中国信保《短期出口信用保险综合保险条款(4.0版)》第 22 条规定，“被保险人在出口后，变更贸易合同的支付方式、付款期限、转让债权债务以及其他贸易合同内容，可能影响保险人权益的，应事先征得保险人书面同意，否则，保险人对相关出口项下发生的损失有权降低赔偿比例或拒绝承担赔偿责任”。通常而言，境外买方之所以提出改变付款条件，如展延付款期限，往往表示境外买方信用状况发生变化，此时被保险人应引起足够警惕，与保险人一起分析风险变化情况，采取措施控制风险。保单条款也对被保险人明确提出了该等义务。因此，本案中买卖双方未经过保险人的同意，变更付款方式，从 20% 预付款到无须预付款，无疑增加了保险人的承保风险，保险人有权降低赔偿比例或拒绝承担赔偿责任。

三、案件处理意见

本案卖方通过代理人同境外买方订立涉案形式发票，卖方

---

① [英]兹拉特科·萨尔奇克:《出口信用保险从业指南》，黄强、袁杰、刘航宇译，法律出版社 2020 年版，第 297 页。

业已履行完毕合同项下的交货义务，依法对境外买方享有有效债权。但贸易期间，卖方未经过保险人的同意，变更付款方式，影响到保险人的权益，依据保单条款，保险公司有权降低赔偿比例或拒绝承担赔偿责任。

四、实务操作建议

本案给我们的启示是，国内出口企业在同意境外买方提出的变更合同条款要求时，需要切实履行保险条款项下提请保险公司同意的义务。由此，我们建议国内出口企业在业务经验中注意以下几点，以降低风险。

（一）严格按信用保险流程操作业务

若出口企业投保了出口信用保险，需要严格遵循约定，全面履行合同。比如，在综合保单条款中规定，被保险人变更销售合同的支付方式、付款期限、转让债权债务以及其他可能影响保险人权益的合同内容时，应事先征得保险人书面同意，否则，保险人对相关出口项下发生的损失有权拒绝承担赔偿责任。无论是主动地寻求变更合同还是同意境外买方对于合同条款的重大更改，出口企业最好在作出决策之前同保险公司商量，以免后续出险后申请保险理赔出现障碍。

（二）注意收集、保存合同变更证据

本案中,买卖双方对于合同变更并无争议,但在实践中,经常碰到合同变更后,一方否认变更的情形。如果双方仅是用口头形式,主张变更的一方往往难以拿出有效的证据。因此,完备的书面文件对于保证交易安全乃至维系持久的交易关系十分重要。建议国内出口企业在口头协商变更合同后,再通过书面形式确认下来,并妥善保管对于证明双方之间合同具体内容的资料,如电子邮件、传真、信函、往来聊天记录、通话录音等。

专题七

债务抵销

21

债的清偿抵充

——及时对账理清债务

在国际贸易中,具有良好合作关系的出口商和境外买方,会在较长一段时间内频繁的进行交易,或者在一次磋商交易中就不同货品签订多份买卖合同。出口商履行交货义务后,境外买方会对出口商负有多项金钱给付义务。当境外买方的给付不足以清偿全部债务时,就会发生债的清偿抵充顺序问题。确定债的清偿顺序,不仅关系到贸易双方的债权债务关系,在出口商投保出口信用保险的情况下,还涉及如何确定出口商可申请保险理赔的金额问题。本文通过一则实务案例,讲述债的清偿抵充顺序问题,以期读者对此问题有所了解,并注意及时对账理清债务的重要性。

一、案情介绍

2017 年 6 月，国内出口商和境外买方签订合同一，合同金额共计 15 万美元，约定的贸易术语为 CIF，付款方式为分期付款，具体付款安排如表 21 – 1 所示。2017 年 7 月 1 日，国内出口商将合同一项下的货物交付出运。

表 21 – 1　合同一分期付款安排

付款时间	分期款（美元）
2017 年 6 月 15 日	40,000
2018 年 2 月 15 日	50,000
2018 年 6 月 10 日	60,000
总计	150,000

2018 年 1 月，国内出口商和境外买方签订合同二，合同金额共计 20 万美元，约定的贸易术语为 CIF，付款方式为分期付款，具体付款安排如表 21 – 2 所示。同时在违约条款中约定，逾期付款 30 日以上的，境外买方应按照日万分之五的利率支付逾期利息。2018 年 1 月 15 日，国内出口商将合同二项下的货物交付出运。

表 21-2 合同二分期付款安排

付款时间	分期款(美元)
2018 年 1 月 8 日	40,000
2018 年 2 月 14 日	60,000
2018 年 7 月 4 日	60,000
2019 年 1 月 8 日	40,000
总计	200,000

2019 年 1 月,国内出口商和境外买方签订合同三,合同金额为 10 万美元,约定的贸易术语为 CIF,付款方式为分期付款,具体付款安排如表 21-3 所示。同时在违约条款中约定,逾期付款 30 日以上的,境外买方应按照日万分之五的利率支付逾期利息。2019 年 1 月 15 日,国内出口商将合同三项下的货物交付出运。

表 21-3 合同三分期付款安排

付款时间	分期款(美元)
2019 年 1 月 8 日	40,000
2019 年 1 月 31 日	20,000
2019 年 6 月 18 日	40,000
总计	100,000

合同签订后,国内出口商依约将货物出运,境外买方的付款情况如表 21-4 所示。

表 21-4 买方付款实际情况

付款时间	付款金额(美元)
2017 年 6 月 8 日	40,000
2018 年 1 月 10 日	40,000
2018 年 2 月 28 日	50,000
2018 年 3 月 9 日	80,000
2018 年 7 月 6 日	100,000
2019 年 1 月 18 日	20,000
2019 年 2 月 28 日	5000
合计	335,000

此外,国内出口商向保险公司投保了出口信用保险。保险合同约定"保单约定的风险发生后,无论被保险人与买方是否有特别约定,除非保险人书面同意,买方对被保险人的任何付款均应被视为按时间顺序偿还保险项下被保险人对该买方的应收账款"。"拖欠风险指的是买方收到货物后,违反销售合同的约定,超过应付款日 30 天仍未支付货款。"同时,国内出口商就境外买方向保险公司申请信用限额,保险公司批复了 50 万美元的信用限额,同时批注了信用限额的特别生效条件为"被保险人应当在收到买方支付的当前出口货值 10%(或以上)的预付款后出口货物"。

涉案三份合同总金额为 45 万美元,境外买方支付货款共计

33.5万美元,不足以清偿全部货款,此时就发生了债务人给付如何对应清偿抵充到涉案合同项下的问题。

二、案件法律分析

当债务人的给付不足以清偿其对同一债权人所负的数笔相同种类的全部债务时,即发生债的清偿抵充顺序问题。依照《民法典》第560条规定,"债务人对同一债权人负担的数项债务种类相同,债务人的给付不足以清偿全部债务的,除当事人另有约定外,由债务人在清偿时指定其履行的债务。债务人未作指定的,应当优先履行已经到期的债务;数项债务均到期的,优先履行对债权人缺乏担保或者担保最少的债务;均无担保或者担保相等的,优先履行债务人负担较重的债务;负担相同的,按照债务到期的先后顺序履行;到期时间相同的,按照债务比例履行"。据此,债的清偿抵充有三种类型,一是约定抵充,二是债务人指定抵充,三是法定抵充,其适用顺序是约定抵充最先,指定抵充次之,若不存在约定抵充和指定抵充,则按照法律规定的顺序进行抵充。

按照《民法典》第560条第2款的规定,在适用法定抵充方法进行清偿时,抵充的顺序:(1)已到期的债务;(2)债务均到期的,没有担保的债务;(3)债务均到期的,担保最少的债务;(4)债务均到期的,债务人负担较重的债务;(5)债务均未到期的,先到期的债务;(6)以上情况均相同,到期时间也相同的债务,则按债务比例履行。我们据此分析本案境外买方付款的清偿抵充问题。

(一)2017 年 6 月 8 日收到的 40,000 美元的清偿抵充

2017 年 6 月 8 日境外买方支付 40,000 美元,并备注了合同一的编号,且此时只有合同一成立,应认为该笔付款被债务人境外买方指定抵充到合同一项下,用于清偿合同一项下的首期款。

(二)2018 年 1 月 10 日收到的 40,000 美元的清偿抵充

2018 年 1 月 10 日境外买方支付 40,000 美元,并未备注用于清偿哪个合同,双方也未对该笔付款清偿抵充哪笔债务进行约定,应按照法律规定来确定该笔付款的清偿抵充问题。2018 年 1 月 10 日,只有合同二项下的首付款到期,应当按照法定抵充的规则将该笔款项抵充到合同二项下。

(三)2018 年 2 月 28 日收到的 50,000 美元的清偿抵充

2018 年 2 月 28 日国内出口商收到境外买方支付的一笔款

项,金额为 50,000 美元,并未备注用于清偿哪个合同,双方也未对该笔付款清偿抵充哪笔债务进行约定。此时合同一项下的二期款 50,000 美元及合同二项下的二期款 60,000 美元均已到期。合同二约定了逾期付款的违约责任,逾期付款 30 日以上的,境外买方应支付逾期利息;合同一未约定逾期利息。根据法定抵充的规则,债务均到期,担保情况也相同的,应优先清偿负担较重的债务。本案中,合同二项下的债务附有利息负担较重,该笔付款应优先清偿合同二项下的二期款。

(四)2018 年 3 月 9 日收到的 80,000 美元的清偿抵充

2018 年 3 月 9 日国内出口商收到境外买方一笔金额为 80,000 美元的付款,并未备注用于清偿哪个合同,双方也未对该笔付款清偿抵充哪笔债务进行约定。2018 年 3 月 9 日,合同二项下的二期款已到期且余 10,000 美元尚未被全部清偿,合同一项下的二期款 50,000 美元已到期且未被清偿,该笔付款应优先抵充该两笔到期款项。清偿该两笔款项后,还余 20,000 美元。此时,剩余的债权均未到期,应优先抵充先到期的债务。合同一项下的三期款是最先到期的债务,剩余的 20,000 美元应用来抵充合同一项下的三期款。

（五）2018 年 7 月 6 日收到的 100,000 美元的清偿抵充

2018 年 7 月 6 日国内出口商收到境外买方一笔金额为 100,000 美元的付款，并未备注用于清偿哪个合同，双方也未对该笔付款清偿抵充哪笔债务进行约定。此时，合同一项下的三期款已到期且还余 40,000 美元尚未被清偿，合同二项下的三期款 60,000 美元业已到期，该 100,000 美元应用来清偿前述两笔债务。

（六）2019 年 1 月 18 日收到的 20,000 美元的清偿抵充

2019 年 1 月 18 日国内出口商收到境外买方一笔金额为 20,000 美元的付款，并未备注用于清偿哪个合同，双方也未对该笔付款清偿抵充哪笔债务进行约定。此时，合同二项下的四期款 40,000 美元和合同三项下的首付款 40,000 美元均已到期，该两笔债务均无担保，负担相同，到期时间也相同，应按照债务比例履行，即该 20,000 美元应用于清偿合同二项下四期款中的 10,000 美元和合同三项下首付款中的 10,000 美元。

（七）2019 年 2 月 28 日收到的 5000 美元的清偿抵充

2019 年 2 月 28 日，国内出口商收到境外买方一笔金额为 5000 美元的付款，并备注用于支付合同三项下的首期款。虽然债务人境外买方指定该笔付款用于支付合同三项下的首期款，但是国内出口商投保的出口信用保险的保险合同约定“保单约定的风险发生后，无论被保险人与买方是否有特别约定，除非保险人书面同意，买方对被保险人的任何付款均应被视为按时间顺序偿还保险项下被保险人对该买方的应收账款”。国内出口商于 2019 年 1 月 15 日将合同三项下的货物交付出运，而其于 2019 年 1 月 18 日才收到合同三项下的首付款 5000 美元，不符合保险公司批复的信用限额的特别生效条件“被保险人应当在收到买方支付的当前出口货值 10%（或以上）的预付款后出口货物”。该合同不属于保险公司的保险责任范围。另根据保险合同约定“拖欠风险指的是买方收到货物后，违反销售合同的约定，超过应付款日 30 天仍未支付货款”。2019 年 1 月 8 日合同二项下的四期款已届清偿期，至 2019 年 2 月 8 日保险合同约定的拖欠风险发生，依据保险合同约定“保单约定的风险发生后，无论被保险人与买方是否有特别约定，除非保险人书面同意，买方对被保险人的任何付款均应被视为按时间顺序偿还保险项下被保险人对该买方的应收账款”。2019 年 2 月 8 日后境外买方支付的任何款项均应视为按时间顺序偿还保险项下被保险人对该买方的应收账款,即 2019 年 2 月 28 日收到的 5000 美元不应按照境外买方的指定抵充到合同三项下,按照保险合同约定应用来抵充清偿合同二项下的四期款。

综上,境外买方支付的 7 笔款项清偿抵充的债务情况如图 21 -1 所示。

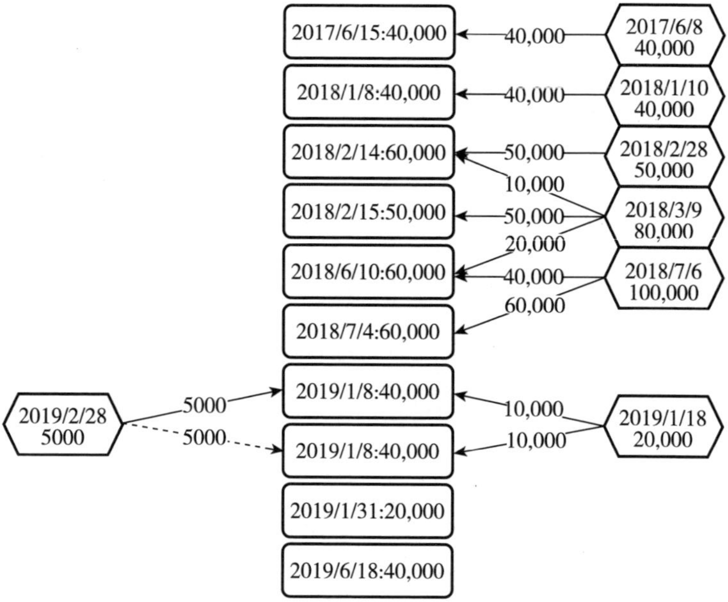

图 21 -1　境外买方付款抵充示意图

三、案件处理意见

案件项下货款总额 45 万美元，境外买方累计支付 33.5 万美元，欠付 11.5 万美元，也即出口商可以向境外买方主张 11.5 万美元的债权。但是由于保险公司向境外买方批复的信用限额批注了限额特别生效条件“被保险人应当在收到买方支付的当前出口货值 10%（或以上）的预付款后出口货物”。合同三项下的货物出运时间为 2019 年 1 月 15 日，收到首付款 5000 美元的时间为 2019 年 1 月 18 日，未满足在收到 10% 预付款后出口货物的限额生效条件，合同三项下的出口不属于保险公司的承保范围。且根据前述分析可知，2019 年 2 月 28 日境外买方指定支付到合同三项下的款项依照保险合同约定应被抵充到合同二项下。鉴于此，保险责任范围内的货款共计 35 万美元，境外买方累计支付了 33.5 万美元，欠付 1.5 万美元，保险公司应以 1.5 万美元为基数进行赔付。

四、实务操作建议

合作良好的国内出口商和境外买方往往会在较长的一段时间内连续交易，双方若采用赊销的付款方式，就会产生买方的付款应清偿抵充到哪笔合同项下的问题。在国内出口商投保出口信用保险时，一定情形下还会涉及付款要强制抵充到保险项下应收账款的问题，产生保险关系和贸易关系下付款抵充不一致的矛盾。为避免债务清偿问题不清晰发生争议，阻碍保险理赔进程，对国内出口商提出以下建议：

1. 国内出口商和境外买方在签订买卖合同时，应当根据货物特点、双方的交易习惯等，约定明确的货款抵充办法。例如，很多国内出口商都有将所收境外买方的货款按照账期顺序进行记账抵充的习惯，最好是将此条写入与境外买方的总合同之中，以免出现本文案例中任由境外买方指定支付的情况。如果买卖双方按照法律规定的顺序抵充，则应当在合同中注明“买方的任意一笔付款，买卖双方有约定的，按照双方的约定进行清偿抵充；双方没有约定的，优先清偿已经到期的债务；数项债务均到期的，优先履行对卖方缺乏担保或者担保最少的债务；均无担保或者担保相等的，按照债务到期的先后顺序履行；到期时间相同的，按照债务比例履行”。

2. 国内出口商和境外买方在较长时间内进行连续多笔交易的，应当建立定期对账制度。对账即意味着买卖双方对历史债务的重新确认，也即法律规定的“双方约定”，属于效力最优先的债务抵充顺序，可以有效弥补双方未在合同中明确约定的不足。另外,定期对账也是加强企业风控管理的有效手段。建立定期对账制度,可以督促业务人员加强客户管理,定期反馈账务的情况,防止出现单一客户债务不断加大,聚积的单一风险过大的情况。再者,通过书面的定期对账,也有利于及时固定并保存证据,以免日后发生纠纷时出现举证困难的情况。

专题八

违约责任

22

浅析免责事由

——不可抗力

合同订立后，由于发生了当事人在订立合同时不能预见、不能避免且不能克服的客观情况，致使合同不能履行。该种情形下，无论是大陆法系还是英美法系，当事人对于不履行义务应予免除责任。在新型冠状病毒肺炎疫情暴发后，许多外贸企业遭遇企业停产、物流中断、出口清关缓慢等困难，面临无法继续履行合同且被要求承担相应违约责任的问题。因此，笔者试着结合实务中处理的不可抗力案例，为出口企业预防合同风险提供一些参考与建议。

一、案情简介

2017 年 5 月，国内出口商与境外买方签订了买卖磷酸泰乐菌素 10% 预混剂的销售合同，合同约定货物总数量为 25MT（公吨），总金额为 82,500 美元，合同约定的贸易术语为 CIF，发货方式为分两次发货，付款方式为发货后 90 日承兑交单（D/A），两次发货间隔 45 日。

之后，国内出口商委托承运人将共计 12,325 千克的涉案货物从青岛港装船运往印度皮帕瓦沃港，发票上标注的货物总价为 40,672.50 美元。境外买方确认收到上述货物，且对上述货物对应的货款 40,672.50 美元没有提出异议。

境外买方认为依据买卖合同第 9 条发货时间的约定，国内出口商应于第一批货物发出之日（2017 年 6 月 26 日）起 45 日之内（2017 年 8 月 12 日前）发出第二批货物。但是国内出口商一直未履行第二批货物的发货义务，存在违约行为，并且由于国内出口商违约行为导致境外买方对其下游买方的失信行为，境外买方因此遭受了较大的损失，其拒绝支付已出运货物的货款。

对于境外买方的抗辩，国内出口商反驳称其未按合同约定发出第二批货物的原因，系政府环保部门对其下达的停产指令使其不得不停止生产。根据买卖合同第 14 条的约定,卖方因不可抗力不能履行合同项下义务不构成违约。国内出口商的停产行为是由于政府强制而非其能控制的原因,构成不可抗力,故国内出口商对境外买方不构成违约,不承担违约责任。

国内出口商多次尝试与境外买方沟通,未果后,只好向中国信保通报可能损失。

二、案件分析

基于上述事实,国内出口商与境外买方签订的涉案销售合同,双方均已经签字盖章,系双方的真实意思表示,前述销售合同的签订不违反法律、行政法规的强制性规定,国内出口商与境外买方之间的买卖合同关系已依法成立。

根据买卖合同的约定,国内出口商应于第一批货物发出之日(2017 年 6 月 26 日)起 45 日之内发出第二批货物(1st lot and 2nd lot-with a gap of 45 days each),但国内出口商实际上并未出运第二批货物。国内出口商抗辩称其违反合同约定、未发运第二批货物是由于政府停产限产决定这一不可抗力因素导致的,且已经及时将上述情况通知了境外买方,不应承担相应的违约责任。因此,本案应重点审查政府停产限产决定是否构成不可抗力。

国内出口商与境外买方签订的涉案合同约定,卖方因不可抗力导致的迟延出运或未出运货物不构成违约。由于涉案合同对“不可抗力”具体定义未作约定,对涉案合同中“不可抗力”的理解应适用相关法律中对“不可抗力”的解释。根据《合同法》第 117 条第 2 款之规定,“本法所称不可抗力,是指不能预见、不能避免并不能克服的客观情况”。(现《民法典》第 180 条第 2 款)

2017 年,中国国家层面出台了众多环保政策,涵盖水处理、大气防治、土壤修复等多个领域,国内的环境政策快速地收紧。根据本案的环保政策影响情况说明,应内蒙古自治区某市环保局的通知要求,国内出口商自 7 月起磷酸泰乐菌素生产车间直接停产,且该产品无法在其他地区采购。即政府部门基于对本地环境保护的要求,临时通知国内出口商停产限产,未给予国内出口商一段时间的“缓冲期”;对于此类政府指令,国内出口商无事先了解的可能,无法提前预见。同时,基于国内出口商自身行业属性,以及其接受政府监管的法律地位,国内出口商对于政府部门停产限产的指令不存在避免和克服的可能性。

综合上述分析,国内出口商在生产过程中应政府要求停产限产是不能预见、不能避免并不能克服的客观情况,应构成不可抗力。

三、案件处理意见

依据《合同法》第 117 条第 1 款之规定,"因不可抗力不能履行合同的,根据不可抗力的影响,部分或者全部免除责任,但法律另有规定的除外。当事人迟延履行后发生不可抗力的,不能免除责任"。(现《民法典》第 180 条第 1 款)本案项下政府停产限产要求从 7 月便已实施,致使国内出口商无法履行涉案合同项下的交货义务。根据法律规定和国内出口商与境外买方的合同约定,国内出口商可向境外买方主张因不可抗力而免除违约责任。

图 22－1　不可抗力制度的法律要点

四、启示与建议

不可抗力制度(force majeure)源于《法国民法典》和《德国民法典》,根据这一制度,如果因为当事人意志以外的事件,造成对履行该合同来说是不可能克服的障碍,自然该允诺的道德义务便消失。英美法系中,也产生了与不可抗力制度相当的“合同落空”(contractual frustration)制度。因此,即便合同当事人在合同中未明确约定不可抗力条款,也可以直接依照相关准据法中的不可抗力制度主张免责。

在上述案例中,由于前些年国内加大了环境保护的力度,政府在某些时段向国内企业发布停产限产决定,进而影响到国内企业向境外买方完成交货,该种事件若可以被认定为不可抗力事件,国内企业对迟延履行或不履行义务就不再负有责任。但适用不可抗力制度有一些注意事项,上述案例中,国内出口商明显遭遇了政府决定这一不可抗力事件,但由于前期未能向政府索要书面文件以证明该事件的存在,在后续保险理赔过程中,发现缺少该重要证据,导致理赔工作进展缓慢。国内企业后经多方努力,最后终于取得了政府部门出具的相关书面证明材料,才使该案件的赔付工作得以顺利完成。

倘若国内公司之后再遭遇类似不可抗力事件时,笔者建议企业工作人员注意以下几点。

(一)通知义务和证明文件

《合同法》第118条规定:“当事人一方因不可抗力不能履行合同的,应当及时通知对方,以减轻可能给对方造成的损失,并应当在合理期限内提供证明。”由此可见,在适用中国法下,当事人一方虽因不可抗力不能履行合同,但仍有义务在合理期限内将不可抗力的相关情况告知对方,并提供相关证明文件;否则,该方可能仍应承担不履行合同的相应责任。在此提示国内企业,在遇到不可抗力事件后,要及时保存相应的书面证据,勿像本案中的出口企业一样,在后续的保险理赔中,才向政府环保部门申请书面证明,不仅费尽周折,还耽误了正常的理赔流程。

(二)减损义务

《合同法》第119条规定:“当事人一方违约后,对方应当采取适当措施防止损失的扩大;没有采取适当措施致使损失扩大的,不得就扩大的损失要求赔偿。当事人因防止损失扩大而支出的合理费用,由违约方承担。”鉴于此,当事人在履行合同的过程中,如果一方出现了违约行为,另一方当事人不能无动于衷，任凭损失的扩大，而应当积极采取措施，尽量减少损失。即使受疫情影响，致使合同无法履行，作为无过错方的国内企业仍须注意其负有减损义务，应采取相应措施减少境外买方的损失。

（三）新冠肺炎疫情与不可抗力

2020 年新年伊始，一场突如其来的新型冠状病毒肺炎疫情对全球多个国家的对外贸易造成了严重的不利影响，反复的疾控措施往往导致各国企业无法及时生产交货。在疫情持续的几年中，各国政府对于疫情是否属于法定的不可抗力，基本上都予以明示或默示的认可。疫情发生后，中国国际贸易促进委员会向我国的外贸企业出具商事证明，已成为中国国际贸易促进委员会最具代表性的事实性认证文件。中国国际贸易促进委员会根据申请人提供的相关佐证文件、材料对与其涉外经贸活动相关的事实的真实性给予证明，其合法性与有效性为世界众多国家的政府、海关、商会和企业所接受，具有较为广泛的海外认可度。外贸企业在遇到疫情原因导致不能按期履行合同的，应当及时向中国国际贸易促进委员会申请出具商事证明。

23

出口商的知识产权瑕疵担保责任

在国内贸易中，卖方既需要承担物之瑕疵担保责任，也要承担权利瑕疵担保责任。延展到国际贸易领域，《公约》不仅包含了国内法中涉及的上述两种担保责任，而且就货物销售合同中卖方承担知识产权担保义务作出了详细的规定。由于知识产权效力具有特定的地域性、时间性，卖方对所出售的货物应承担的知识产权担保义务与传统的所有权担保义务存在一定的差异。因此，本文将结合一起实务案例着重探讨知识产权的权利瑕疵担保范围、构成情形以及国际贸易中的相关问题，以期说明知识产权之特殊性，帮助国内出口商把控知识产权担保责任的违约风险。

一、案情介绍

2018年10月5日,国内出口商与境外买方订立了涉案合同,涉案合同上虽然没有境外买方的签章,但根据中国信保委托的境外买方所在地海外渠道所作的调查报告可知,境外买方承认涉案贸易事实。涉案买卖合同交易的商品为熊本熊形象的公仔、骨针、U形枕、行李箱,金额为50,898.82美元,约定的付款条件为“BY T/T WITHIN 120DAYS AFTER ARRIVAL”。

2018年10月13日,国内出口商将涉案合同项下的货物交付给了承运人。涉案提单所载收货人和通知人均为境外买方。2019年6月12日,国内出口商收到境外买方支付的27,000美元货款。

对于剩余款项,境外买方确认欠款金额,但抗辩称因涉案货物涉嫌知识产权侵权而拒付货款。境外买方称其将货物投放泰国商场销售后,收到了熊本熊品牌持有人熊本县授权委托的熊本熊产品海外独家代理A公司的警告函。该函件称涉案货物未获得授权,A公司还向熊本县再次确认过,涉案货物是假冒产品,公仔眼睛和嘴巴的形状与上海版权使用方H公司申请使用的形象不符。鉴于此,A公司认为涉案货物存在知识产权侵权,要求境外买方停止销售并销毁所有货物。对于境外买方提出的涉案货物的知识产权侵权问题,国内出口商主张:(1)供应商提供了完整的日方版权售卖委托证明,获得A公司授权的上海版权使用方H公司出具给供应商的授权书,供应商向H公司支付授权金的付款合同。每一件产品都有版权方授权单独的商标编码和标贴。(2)国内出口商在涉案贸易中的角色仅为代理出口,版权事宜由境外买方和供应商直接联系确认核定,其与境外买方的买卖合同不存在关于版权、授权等事项的相关责任约定。(3)境外买方授权书的有效期到2019年3月31日,境外买方授权过期后继续销售违法违规,应自行承担相应的法律后果。

另根据国内出口商的解释说明及其提供的"商品贩卖委托证明书"、"熊本熊销售生产授权书"、"版权金/防伪标申请"及聊天记录可知本案熊本熊形象知识产权的授权流程:(1)供应商从H公司处取得熊本熊形象产品的销售授权,H公司负责办理熊本熊形象产品在日本熊本县的许可证、许可号并提供许可标签。供应商可在中国、泰国等多地售卖经许可的熊本熊形象产品,授权时间为2017年5月1日至2019年3月31日。(2)供应商支付授权金及防伪标申请金,供应商将拟生产的熊本熊形象产品送审版权方,申请生产许可。

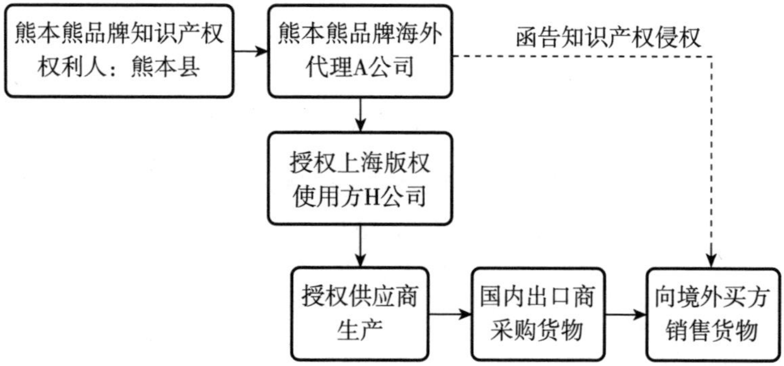

图 23－1　涉案知识产权许可使用关系

二、案件法律分析

按照上述基本事实，对于涉案合同项下的未付尾款 23,898.82 美元，买方抗辩其将货物投放泰国商场销售后，收到了熊本熊品牌持有人熊本县授权委托的熊本熊产品海外独家代理 A 公司的警告函。该函件称涉案货物未获得授权，A 公司还向熊本县再次确认，涉案货物是假冒产品，公仔眼睛和嘴巴的形状不同于 H 公司申请使用的形象。鉴于此，A 公司认为涉案货物存在知识产权侵权，要求买方停止销售并销毁所有货物。否则，品牌持有人将采取法律手段维权。境外买方还提供了 A 公司于 2019 年 7 月 11 日出具的真实性评估报告，报告载明熊本熊公仔和行李箱与正版产品不同，被认定为侵权产品。鉴于此，境外买方主张涉案货物存在知识产权瑕疵拒付货款。对于境外买方的上述抗辩，具体分析如下：

依据《合同法》第150条"出卖人就交付的标的物，负有保证第三人不得向买受人主张任何权利的义务，但法律另有规定的除外"之规定，出卖人负有保证售卖产品不存在任何权利瑕疵（包括知识产权瑕疵）的义务。根据海外渠道的调查报告可知境外买方拒付货款的原因是其认为涉案货物存在知识产权瑕疵。

但根据被保险人提供的"商品贩卖委托证明书"、"熊本熊销售授权书"、"授权金/防伪标申请"及聊天记录的证据材料，国内出口商的上游涉案货物供应商已经通过H公司获得了销售熊本熊形象产品的授权（H公司在日本为供应商办理熊本熊形象的使用许可）；涉案货物的供应商支付了授权金、防伪标申请金，供应商将拟生产的熊本熊形象产品向日本版权方送审，申请获得许可号和防伪标。涉案货物并非A公司所称的"未获得授权"。

按照H公司、供应商和境外买方三方订立的《KUMANON Distribution Agreement & Production Authorization》（下称《经销协议和生产授权》），H公司将申请境外买方售卖熊本熊形象产品的授权，授权区域包括泰国等地区销售熊本熊正品，授权时间为 2017 年 5 月 1 日至 2019 年 3 月 31 日。从 A 公司的反馈信息来看,H 公司确属于熊本熊著作权的被授权人之一,按照正常的商业逻辑,在供应商支付完毕相应的授权金等费用后,涉案货物即可以视为已经通过 H 公司获得了著作权人熊本县的许可使用,涉案货物应当属于正品商品。对于 A 公司事后提出的涉案货物不符合 H 公司申请和获得授权的范围,由于 A 公司未能提供证据证明 H 公司申请和获得授权的具体范围,现有证据难以对涉案货物不符合 H 公司申请和获得授权的范围进行判断。综合上述双方的举证情况,被保险人已经提供涉案货物得到了著作权人的使用许可的证据材料,若无相反证据,初步认为涉案货物在 H 公司许可授权范围内更为可信。

对于被保险人反驳其在涉案贸易中的角色仅为代理出口,版权事宜由境外买方和供应商直接沟通确认,其对版权事宜不负有责任。依据《合同法》第 150 条(现《民法典》第 612 条)规定可知,卖方负有保证所售产品不具有任何权利瑕疵的义务,卖方应保证其所售产品非侵犯他人知识产权的产品。鉴于此,国内出口商的该点抗辩不能成立。

此外,根据《经销协议和生产授权》的约定,境外买方获得授权的权利期间为 2017 年 5 月 1 日至 2019 年 3 月 31 日,即境外买方仅在 2017 年 5 月 1 日至 2019 年 3 月 31 日这段期间内有合法售卖涉案货物的权利。境外买方超出授权期间继续售卖，应自行承担违规销售的法律后果。本案中，从现时可获取的新闻看，A公司获得泰国地区代理权限的时间为2019年6月，A公司函告境外买方侵权并要求下架并销毁产品的时间约为2019年11月。由于已经超出了《经销协议和生产授权》约定的授权期限，就A公司向境外买方提出的侵权主张，很大可能上系由于境外买方在授权期间外违规销售行为导致，对于涉案货物最终面临的销毁负有过错，若无其他约定，境外买方应自行承担相应的法律后果。

三、案件处理意见

对于买方抗辩涉案货物遭受知识产权纠纷的抗辩，现有证据下，生产涉案货物的供应商已经支付了授权金、防伪标申请金，拟生产的熊本熊形象产品向日本版权方送审，申请获得许可号和防伪标。涉案货物并非熊本熊版权方海外代理A公司所称的“未获得授权”。若无相反证据，可以初步认为涉案货物已经获得使用。另外，境外买方明知获得授权的权利期间为2017年5月1日至2019年3月31日，本案发生的知识产权纠纷很大程度上系境外买方在授权期间外违规销售行为导致，境外买方对于涉案货物最终面临的销毁负有过错，若无其他约定，境外买方应自行承担相应的法律后果。因此，基于现有证据，国内出口商依法可以向境外买方主张涉案合同项下的已届清偿期的尾款。

四、实务操作建议

从上述案例可以看出，国内出口商已经就涉案货物出口申请获得相应的知识产权许可，境外买方在订立合同时已经知道涉案知识产权的许可及其许可的有效期限，境外买方在超过知识产权所获授权有效期限后仍继续售卖货物，引发知识产权侵权纠纷的最终责任只能由其自行承担。因此，对于广大出口企业而言，作为对外出售货物的一方，需要提前做好以下准备：

一方面，按照世界贸易组织《与贸易有关的知识产权协定》规定的 WTO 成员方知识产权保护的最低标准，知识产权的范围应包括版权及相关权利、商标、专利、地理原产地标识、工业品外观设计、集成电路布图设计、商业秘密七个方面。国内出口商在出口货物时应当对自己的产品进行知识产权权利审核，需要获得权利人授权，应当及时与权利人进行沟通和协商，获得权利人的知识产权的许可，避免陷入知识产权侵权的争端中。

另一方面,对知识产权相关的法律法规应当给予充分的重视。除了《公约》第42条的规定,我国加入的《与贸易有关的知识产权协定》、《保护工业产权巴黎公约》、《商标国际注册马德里协定》和《伯尔尼保护文学和艺术作品公约》等对知识产权保护的范围和例外作出了详细规定。比如说,对于专利、商标这类需要登记批准且公开的知识产权,卖方有相应的调查义务,通过互联网检索等查出上述知识产权在进口国或销售目的地所在国的具体情况。对于卖方经过一般查询就可获知的客观存在的第三人知识产权,由于卖方未尽到调查义务而不了解存在该等权利,可能最终会推定卖方有过错,导致承担相应的知识产权担保责任。

24

合同附随义务的履行

在国际贸易中，不乏复杂机械设备的身影，在需要处理设备安装、运行、维护等后合同义务的情况下，如何确定合同履行完成的期限，往往成为难解之题。本文以一起因合同附随义务的履行而引发的纠纷为例，对国内出口企业如何预防与解决可能遭遇的风险，尝试提出一些防范建议。

一、案情介绍

2019 年 9 月，国内出口商与境外买方订立涉案形式发票，约定国内出口商向境外买方出售 10 台机床设备；CIF 贸易术语；付款方式：电汇预付款 30,000 美元，即期付款交单 55,000

美元,安装调试后 3 日内支付尾款 18,000 美元。根据国内出口商提供给境外买方的报价邮件可知,国内出口商报价中的安装与调试条款:在可行的情况下,由国内出口商派遣一名至二名工程师到境外买方工厂处,指导境外买方进行安装调试,差旅费等费用由境外买方承担。

2019 年 12 月,国内出口商将涉案货物按照约定交付承运人,通过海运将货物运抵至位于 A 国的港口,并且境外买方已经收到涉案货物。

2020 年 7 月,国内出口商的三名工作人员与境外买方的工作人员于组建了微信工作群。通过微信群聊方式,国内出口商的三名工作人员对境外买方的工作人员进行了涉案货物的指导安装。

对于尾款 18,000 美元,境外买方拒绝支付,其抗辩称国内出口商未按照约定前往境外买方所在地对涉案货物进行安装及调试,因国内出口商未履行合同义务,故境外买方不再支付尾款。国内出口商反驳称因境外买方所在地的防疫政策原因,其安装工程师未能抵达境外买方所在地,进行涉案货物的安装指导。因此,国内出口商通过微信群聊的方式,提供了及时有效的线上安装支持服务。2020 年 8 月 24 日,国内出口商指导境外买方成功完成涉案货物的调试后,境外买方没有向其反馈过安装调试的任何问题。随后，双方中断了联系，境外买方对国内出口商的催款要求也未予以回应。

二、案件法律分析

根据上述基本事实可知，买卖双方对涉案贸易事实均予认可，涉案形式发票系双方当事人的真实意思表示，应当依法成立并生效。目前，境外买方已经实际收取涉案货物，并支付了预付款30,000美元和即期付款交单55,000美元。但就涉案尾款的支付问题，境外买方主张国内出口商实际并未履行安装调试的义务，由此拒绝支付，买卖双方就安装调试义务是否履行完毕各执一词。我们注意到涉案形式发票对于尾款支付约定为"安装调试后3日内支付尾款18,000美元"，因此，结合买卖双方的抗辩主张，本案需要明确以下两个问题：(1)国内出口商通过线上方式指导安装调试是否违反了双方的约定；(2)国内出口商是否已经履行完毕安装调试义务。就上述问题，具体分析如下。

（一）国内出口商通过线上方式指导安装调试是否违反了双方的约定

按照国内出口商提供给境外买方的报价邮件可知，安装调试原本如果条件允许,应由国内出口商派遣一名至二名工程师到境外买方工厂处,指导境外买方进行安装调试,差旅费等费用由境外买方承担。邮件相关内容如下:

> INSTALLATION & COMMISSIONING: To be carried out by the buyer, 1 or 2 Engineers will be sent to the buyer's factory, to supervise.
>
> (安装和调试:由买方进行,派1名或2名工程师到买方工厂进行监督。)

2020年3月5日至6日,国内出口商也准备派遣工程师前往境外买方处进行货物的指导安装工作,但因境外买方所在地的防疫政策而未能入境。

一般倾向于将新冠肺炎疫情认定为合同履行过程中的不可抗力。不可抗力对当事人而言,不能预见、不能避免且不能克服,因不可抗力不能履行合同的,根据不可抗力的影响,部分或者全部免除责任。本案中,2020年上半年,正值新冠肺炎疫情肆虐全球,这是众所周知的客观事实。因此,可以推知,国内出口商因新冠肺炎疫情原因未能派遣工程师到境外买方现场,属于合同履行过程中因不可抗力造成的不能归责于国内出口商的情形,继续要求国内出口商派遣工程师到达境外买方所在地进行安装调试实在是强人所难。

本案中,买卖双方实际上也未在涉案形式发票中对所涉货物的安装及调试方式进行具体约定,仅约定了将安装调试完成作为境外买方支付剩余尾款的条件。另外根据《民法总则》第140 条第 1 款(现《民法典》第 140 条第 1 款) 的规定,行为人可以明示或者默示作出意思表示。根据国内出口商提供的其与境外买方之间的微信聊天记录可知,境外买方微信名为“Muhammad Arshad Muscat Oman”的工作人员与国内出口商的工程师及工作人员一同加入了名为“CN-OMAN Online Tec Support Block (4)”的微信工作群,国内出口商在此微信群内,就涉案货物实际上已经对境外买方进行了安装调试的指导工作。如无相反证据,买方通过前述行为,表明其同意并接受了国内出口商通过线上指导的方式履行安装调试的义务。因此,国内出口商通过线上交流的方式指导买方安装调试涉案货物,应推定并不构成对涉案形式发票约定的违反。

(二)国内出口商是否已经履行完毕安装调试义务

根据《合同法》第 158 条第 2 款(现《民法典》第 621 条第 2 款) 的规定,当事人没有约定检验期间的,买受人应当在发现或者应当发现标的物的数量或者质量不符合约定的合理期间内通知出卖人。买受人在合理期间内未通知或者自标的物收到之日起 2 年内未通知出卖人的，视为标的物的数量或者质量符合约定。买方有义务在一定的合理期限内发出异议通知。国内出口商主张 2020 年 8 月 24 日其指导买方完成安装调试后，境外买方从未告知国内出口商涉案形式发票项下的货物存在“安装缺陷”[2020 年 8 月 24 日我方指导买方完成调试后，没有收到买方关于安装调试的任何问题(微信，WhatsApp，邮件均无)]。实际上，一直到 2021 年 6 月境外买方才提出涉案货物的安装存在缺陷，距离国内出口商指导完成安装调试已过去半年以上，超过了合理期限。因此，若无相反证据，依照上述法律规定，境外买方在合理期间内未能将质量异议通知到国内出口商，应视为涉案货物自 2020 年 8 月 24 日已经完成安装调试工作，符合合同约定。

此外，根据《民事诉讼法》第 67 条第 1 款的规定，当事人对自己提出的主张，有责任提供证据和《最高人民法院关于适用〈中华人民共和国民事诉讼法〉的解释》第 90 条第 2 款规定，在作出判决前，当事人未能提供证据或者证据不足以证明其事实主张的，由负有举证证明责任的当事人承担不利的后果。本案中，买方也未就其质量异议主张提供证据材料，由其承担不利的法律后果。在无相反证据的情况下,应当认定涉案形式发票项下的货物已完成安装调试,相应的安装调试完成日应推定为国内出口商所主张的2020年8月24日。

三、案件处理意见

国内出口商与境外买方之间成立合法有效的合同关系,国内出口商已履行完毕涉案形式发票项下的交货交单义务。尽管国内出口商的工程师未抵达境外买方所在地进行现场指导,但系由于新冠肺炎疫情之不可抗力因素,国内出口商不应因此承担不利后果。涉案形式发票对于安装调试未作明确约定,境外买方事实上已经同意并接受了国内出口商通过线上指导的方式履行安装调试。因此,国内出口商通过线上交流的方式指导买方安装调试涉案货物难以构成违约。在安装调试完成后合理期限内,境外买方未提出异议,在提出异议后又未能提供证据予以证明,如无相反证据,可以合理认为国内出口商于线上指导完成之日2020年8月24日完成相应的安装调试。按照涉案形式发票的约定,境外买方应当在2020年8月27日前向国内出口商支付涉案货物的尾款。

四、实务操作建议

上述案例中,买卖双方对于合同的附随义务的履行问题产生了争议,进而会影响到境外买方的付款。就合同约定的附随义务,笔者建议出口企业注意以下事项:

1. 国际贸易中,一些货物并不能以简单交付而完成卖方的交货义务,尤其是一些大型设备、高科技产品,往往需要国内出口商后续提供相应的配套服务,如设备人员培训、安装调试、软件升级、技术支持、提供相应的资质证书等,这些内容会作为卖方的附随义务写入合同条款中。这些附随义务,也往往是境外买方使用货物所必不可少的条件。双方在签订合同时,一定要注意对附随义务作出明确的约定,包括主要内容、服务范围、完成期限、费用承担、质量保证以及相应的违约责任等,避免因为约定不明而发生争议。

2. 合同履行过程中,如果因为客观情况的变化,双方需要对附随义务的履行方式进行变更的,最好以书面方式进行确认,防止境外买方事后再以此为借口,对尾款支付发生争议。如本案中,双方虽然以建微信群远程指导的方式完成了对设备的安装调试,但未以明确的书面形式确认,也是事后发生纠纷的原因之一。

专题九

国际结算

25

信用证“软条款”导致出口商无法交单

信用证“软条款”通常是指开证申请人在信用证中设置的,约定受益人需要他方的合作来提交符合信用证要求的单据条款。信用证作为国际贸易中常用的结算方式,如果其中包含软条款,将导致进口商在整个交易中具有主动权,出口商安全收汇受到威胁,丧失应有的贸易地位。本案中,出口商即受迫于涉案信用证中的“软条款”,在交货后仍无法向议付行交单,在整个交易中十分被动。通过本案,可以窥见信用证“软条款”给出口商带来的风险,以此为鉴,为出口企业提供有益参考。

一、案情介绍

1. 接受含有“软条款”的信用证，埋下隐患。

2019 年 4 月至 5 月，国内出口商向泰国的境外买方出口 12 台客车，贸易术语为 DDP Bangkok Thailand，货物分 2 批交付，每批 6 台，货款全部通过信用证分批次支付。

2019 年 5 月 17 日，开证行应境外买方申请开立了涉案信用证，信用证有效期至 2019 年 8 月 28 日。根据涉案信用证所载条款，涉案货物可分批交付；议付时，国内出口商须提交由境外买方出具的收货证明以及证明涉案货物挂牌手续已经办理完毕的确认函。

2. 履行过程中，出口商因信用证“软条款”陷于被动。

就前述货物出口，国内出口商委托泰国 D 公司办理涉案货物清关事宜，以及涉案货物在泰国境内的一切挂牌手续，并负责将涉案货物交付境外买方。但直至 2019 年 12 月初，D 公司才办理完毕涉案货物在泰国境内的挂牌手续。为此，境外买方多次为涉案信用证办理展期，最终将涉案信用证展期至 2020 年 2 月。

2019 年 12 月 6 日，境外买方就全部 2 批涉案货物分别出具了收货证明，并就第 1 批涉案货物出具挂牌确认函。国内出口商收到前述单据后，向议付行交单，并收到第 1 批涉案货物的货款。但是，境外买方拒绝就第 2 批涉案货物向国内出口商出具挂牌确认函，导致国内出口商因无法交单而无法收取第 2 批涉案货物货款。

对于第 2 批涉案货物货款，境外买方除要求在其中扣减由于国内出口商无法按期交货而导致的办理涉案信用证修改和展期等费用外，还要求在其中扣减 2 笔费用：(1) 因国内出口商无法按期交货，境外买方多次为涉案信用证办理展期，导致境外买方存放于开证行的信用证保证金长期被占用，境外买方要求在货款中扣减信用证保证金资金占用损失；(2) 境外买方要求在货款中扣减涉案货物的改装费用。

由于境外买方拒绝就第 2 批涉案货物向国内出口商出具挂牌确认函，国内出口商无法向开证行交单，进而无法收取第 2 批涉案货物货款。迫于压力，国内出口商在征得中国信保同意后，只能先与境外买方搁置争议，向开证行确认修改信用证金额，从而获得了境外买方出具的第 2 批货物挂牌确认函，向银行交单收取扣减后的货款。

同时，国内出口商向中国信保申请理赔。

二、案件法律分析

根据本案的案情,境外买方主张的两项损失费用,分别为信用证保证金资金占用损失与涉案货物的改装费用,下文逐一展开分析。

信用证保证金,又称信用证保证金存款,是指采用信用证结算方式的企业为取得信用证而按规定存入银行信用证保证金专户的款项。在开证人正常履行信用证下付款义务或信用证被撤销前,开证人无法处分信用证保证金。但是,信用证保证金仍具有存款的性质。也即,在信用证保证金存入信用证保证金专户期间,开证行一般仍会就该笔存款向开证人支付利息,故开证人一般不会因无法处分信用证保证金而产生资金占用损失。此外,境外买方也未提供材料证明其所称信用证保证金的具体数额,以及资金占用损失的具体计算标准。因此,根据境外买方提供的证据材料,境外买方所主张的信用证保证金资金占用损失缺乏事实及法律依据。

就境外买方主张扣减车辆改装费用是否合理的问题,根据境外买方与国内出口商提供的证据材料,涉案货物交付境外买方后,确实进行过改装。但是,涉案货物的改装均是由国内出口商指定的售后服务机构进行的，改装所需关键零配件也是由国内出口商提供的，各方提供的证据材料无法证明境外买方就涉案货物的改装支付过任何费用，境外买方在涉案货物改装期间也并未向国内出口商主张过相关改装费用。因此，境外买方与国内出口商提供的证据材料无法证明境外买方因涉案货物改装事宜产生了任何损失。

三、案件处理意见

基于上述分析，根据境外买方与国内出口商提供的证据材料，结合调查情况后认为，境外买方主张从涉案货物货款中扣减上述2笔费用，缺乏事实及法律依据。国内出口商在处于不利谈判地位的情况下，基于减少损失的目的与境外买方达成修改信用证金额的方案，属于经中国信保同意的减损措施。故相应的损失也属于中国信保的承保范围。中国信保对此2笔费用承担了保险责任。

四、实务操作建议

1. 要准确区分常见的“软条款”类型。

为方便读者进一步了解信用证“软条款”，笔者列举以下常

见“软条款”,供读者参考(见表25－1):

表25－1　信用证常见“软条款”列举

序号	条款内容	法律后果
1	开证申请人(进口商)通知船公司、船名、装船日期、目的港、验货人等,受益人才能装船	此条款使出口商装船完全由买方控制
2	信用证开出后暂不生效,待进口许可证签发后通知生效,或待货样经申请人确认后生效	此类条款使出口货物能否装运,完全取决于进口商,出口商则处于被动地位。出口商见信用证才能投产,生产难安排,装期紧,出运有困难
3	品质检验证书须由开证申请人或其授权者签发,由开证行核实,并与开证行印签相符。采用买方国商品检验标准	此条款使得卖方由于采用本国标准,而无法达到买方国标准,使信用证失效
4	收货收据须由开证申请人签发或核实	此条款使买方拖延验货,使信用证失效
5	规定受益人不易提交的单据,如要求使用CMR运输单据(我国没有参加《国际公路货物运输合同公约》,所以我国的承运人无法开出“CMR”运输单据)	
6	货款须于货物运抵目的地经外汇管理局核准后付款	
7	出口商议付时需提交进口商在目的港的收货证明	
8	信用证规定受益人在货物装运后如不及时寄1/3提单,开证申请人将不寄客检证,使受益人难以议付单据	

在包含上述条款的信用证所涉贸易中,出口商均需要在向银行交单时获得他方的合作,从而获取其应得的货款。这使进

口商掌握了贸易控制权,使本为不可撤销的信用证变成了可以撤销或无法生效的信用证,银行中立担保付款的职能丧失。

2. 信用证"软条款"给出口商安全收汇构成极大威胁,应当严格审查,尽量避免使用。

在国际贸易中,信用证本是一种对出口商相对安全的结算方式。但在本案中,由于涉案信用证约定国内出口商在交单时,需提交由进口商出具的收货证明以及证明涉案货物挂牌手续已经办理完毕的确认函,国内出口商的贸易地位十分被动。

UCP600 第 5 条规定,银行处理的是单据,而不是单据所涉及的货物、服务或其他行为。因而本案中,由于上述条款的存在,即便国内出口商已经向进口商交付货物并办理完毕需由国内出口商办理的一切手续,但实际仍须在向银行交单前得到进口商的首肯。上述条款为信用证"软条款",给国内出口商安全收汇构成了极大威胁。

建议出口企业在使用信用证时,应当仔细审证,尽早发现信用证中是否存在"软条款",一旦发现问题,应立即联系进口商修改信用证。在开证时,尽量要求进口商在信誉较好的银行开证。信誉较好的银行一般很注意自身的声誉,信用证中出现"软条款"的风险会相对小一些。

26 境外买方付款完成的节点

电汇(T/T)作为国际贸易的重要结算方式,为很多国际贸易从业者所采用。但实践中,出口商和境外买方往往容易就买方付款义务解除的时间产生争议。各方会提出各种各样的确认付款完成时间,比如借记转账人账户的时间、贷记受让银行账户的时间、通知贷记受让银行账户的时间、受让银行决定接受信贷转账的时间等。本文拟通过一则实务案例,分析采用电汇支付时买方付款义务解除的具体时间,希冀能够对国内出口商确认付款完成时间有所帮助。

一、案情介绍

2020 年 12 月 21 日，国内出口商向境外买方发送形式发票，约定国内出口商向境外买方售卖 GI hollow section（以下简称涉案货物），货物总金额为 61,875 美元，付款方式为 T/T advance 10%，the balanced 90% LC at sight（预付款 10% 电汇，余款 90% 通过见索即付信用证支付）。

2020 年 12 月 24 日，境外买方通过电汇向国内出口商支付预付款 6188 美元。后续，国内出口商将涉案货物交付给承运人安排出运，国内出口商向境外买方出具商业发票，发票总金额为 68,247.76 美元，含预付款 6188 美元和尾款 62,059.76 美元。

就尾款部分，境外买方无法向国内出口商开具信用证，双方通过电话沟通协商变更付款方式为 D/P，即境外买方先电汇支付尾款，国内出口商再电放提单。在涉案货物到港后，境外买方向国内出口时提供了尾款转账成功的网页截图，国内出口商据此电放提单。

二、案件法律分析

依照《民法典》第 598 条“出卖人应当履行向买受人交付标的物或者交付提取标的物的单证，并转移标的物所有权的义务”之规定，出卖人的主要义务为转移标的物所有权。本案中，根据提单、报关单及集装箱最新动态查询信息，国内出口商已于 2021 年 3 月 17 日发运货物，货物于 2021 年 4 月 25 日到港，2021 年 5 月 4 日境外买方已提货，国内出口商已履行完其作为卖方的主要义务。依照《民法典》第 595 条“买卖合同是出卖人转移标的物的所有权于买受人，买受人支付价款的合同”之规定，买方有付款义务。买方应当按照涉案合同约定付款。

根据国内出口商于 2021 年 3 月 21 日向境外买方出具的涉案发票，涉案发票的总金额为 68, 247. 76 美元，包含：(1)货物总价款 63, 252. 76 美元；(2)运费 4950 美元；(3)保险费 45 美元；除去已付预付款 6188 美元，尾款为 62, 059. 76 美元。涉案发票进一步明确了运费与保险费由境外买方承担，根据境外买方提供的尾款转账成功的网页截图，尾款金额为 62, 059. 76 美元，与涉案发票中应付尾款金额一致，据此，可以视为境外买方对涉案发票中约定的价款进行确认。

根据国内出口商与境外买方的聊天记录内容可知，境外买方声称新加坡银行对该笔款项已转出成功（“Singapore bank already transfer successfully. 新加坡银行已经成功转出”），正待中间行批准（“…intermediate bank approved 中间行批准”“My agent told me it’s will take time. 我的代理人告知我，可能会花费一些时间”）。后来，国内出口商核实其银行账户并未收到该笔尾款。面对国内出口商的进一步催讨，买方抗辩其已经支付货款，拒绝再支付涉案尾款部分。

关于买方付款义务是否已经解除的问题，依照《国际商事合同通则（2016）》第 6.1.8 条第 2 款“若采用转账支付，债务人的义务在款项有效转至债权人的金融机构时解除”之规定，买方支付尾款的义务在该笔款项到达国内出口商的银行账户时才解除。本案中，国内出口商提供了自己国内银行的收付款交易流水，从该等证据看国内出口商仅收到过买方支付的预付款，涉案尾款部分未曾收到过。因此，根据出口商和买方提供的现有证据材料，无法说明境外买方已经将涉案尾款部分转入国内出口商的国内银行账户，境外买方向出口商支付尾款的义务仍未解除。

图 26－1　境外买方付款路径

三、案件处理意见

国内出口商向境外买方发送涉案形式发票为发出要约，境外买方支付预付款为其通过履行主要义务的形式作出承诺，双方买卖合同关系已依法成立并生效。国内出口商出运涉案货物且境外买方已提货，国内出口商至此已履行完毕其作为卖方的全部义务。虽然境外买方主张其已经支付涉案货款，但国内出口商至今未收到境外买方支付的尾款，若无其他相反证据，境外买方仍负有向国内出口商支付尾款的义务。

四、实务操作建议

上述案例中，国内出口商同境外买方协商变更付款方式为付款交单（D/P），对于出口商而言，境外买方只有在支付货款的情况下才能拿到提单，买方亦通过当地银行向国内出口商转账支付涉案尾款部分，提供了相应的进口国银行汇付水单予以证明。但是，在国内出口商的久久等待中，境外买方转账“支付”的涉案尾款部分迟迟未到达出口商的国内银行账户。双方就买方是否已经解除其付款义务存在争议。

在国际贸易中，一般会使用美元、欧元等硬通货进行结算。境外买方从付款行汇出款项，往往需要经过中间行才能最终进入出口商在收款行开设的账户。境外买方取得汇款凭证后，并不意味着国内出口商必然能收到款项。比如，境外买方所在国遭受国际制裁、中间行所在国发布止付令等，均可能导致款项无法正常汇出的情况。近年来，随着美国单边主义的盛行，其"长臂管辖"越来越多地影响到正常的国际贸易秩序。在笔者代理的案件中，就有美国中间行以"两用品贸易"审查为由，将白俄罗斯买方的付款暂扣并最终退回给买方的实务案例。

因此，国内出口商在付款交单的模式下，一定要等境外买方的付款确认到账后，再向境外买方交单。切勿操之过急，提前放单，导致失去对货权的控制。否则一旦发生纠纷，损失很难追回。

还要注意的是，如果是因为国内出口商未按照合同约定履行，提前放单所造成的损失，通常不属于信用保险的承保范围，只能由国内出口商自行承担相应的损失。

27

境外买方付款义务是否会因不可抗力而免除

一般而言,债权人于合同项下的应收款项总是能够要求债务人履行的。这不仅仅是我国国内法律的规定,在《公约》和《国际商事合同通则(2016)》中均有相应的规则,债权人要求付款的权利完全可以延伸至以外国货币支付的情况。本文通过一则新冠肺炎疫情期间的债权人催讨货款的案例,向国内出口商分享笔者对特殊时期境外买方的金钱债务是否可予免除的相关法律思考。

一、案情介绍

2019 年 9 月至 2020 年 2 月,国内出口商与境外买方展开合作,由出口商向境外买方出运了共计 12 批次的货物,双方约定的支付条件为 O/A120 日。

国内出口商已经出运货物共计 10 批次,发票总金额为 3,230,327.44 美元。但收到出运货物后,境外买方仅支付 32,631.39 美元,剩余未付货款共计 3,190,832.05 美元。

根据国内出口商和境外买方的往来沟通,境外买方承认涉案贸易,并确认收到货物。买方抗辩称由于新冠肺炎疫情原因延迟付款,出口商违约取消后续订单给其造成了损失。(“The Debtor explained that the current circumstances as a result of the Corona Virus. Additionally, the Debtor stated that the Creditor has wrongfully cancelled orders which will cause their loss and damage.”债务人解释说,目前的情况是由新冠肺炎疫情引起的。此外,债务人表示,债权人错误地取消了订单,这将导致债务人遭受损失。)国内出口商就此反驳称买方以受新冠肺炎疫情影响为由长期拖欠货款,违反贸易合同约定的付款义务,其出于风险控制角度停止投入成本生产和出运货物,买方的拖欠行为在先,故国内出口商对买方上述抗辩不予认可,要求买方全额履行欠付货款的付款义务。

二、案件法律分析

本案中，境外买方承认涉案贸易，并确认收到涉案合同项下的货物，但拒绝支付已出运货物部分剩余未付货款共计3,190,832.05美元。境外买方主要的抗辩理由为由于新冠肺炎疫情原因延迟付款，国内出口商违约取消后续订单给其造成了损失，就其抗辩的合理与否，具体分析如下：

《公约》第72条第1款规定："如果在履行合同日期之前，明显看出一方当事人将根本违反合同，另一方当事人可以宣告合同无效。"也就是说，合同一方当事人在对方预期根本违约时，有权宣告合同无效。本案中，根据2020年3月27日境外买方发送给国内出口商的邮件信息，境外买方表示由于新冠肺炎疫情导致合作有变化，具体包括：

1. Stock receipted-adjusted payment date.

已收到的货物，付款日期调整。

2. All ISD July 2020 - June 2021 Deliveries 200 day FOB terms post B/L.

2020年7月至2021年6月的发货付款条件变更

为提单日后200天。

3. ISD April（& May if on water）2020 stock to be stored by vendor until April 2021. Mosaic will adjust the delivery of this intake to April 2021. Mosaic will also endeavour to take this stock sooner should the stores reopen earlier than planned.

2020年4月(及5月在途)的存物由供应商存储直至2021年4月,Mosaic将这批存货的交付调整至2021年4月,如果商店比原计划更早重新开业,Mosaic也会尽早提货。

4. ISD May 2020 onwards（NOT SHIPPED）, Please see attached new deliver dates by PO or request to cancel. Please be assured that if you have made the stock we will not cancel, we will simply adjust the delivery date to the same month 2021.

关于2020年5月后的货物(5月未出运),请在附件PO所载交货日期货物交付或取消交易;请放心,我方不会取消关于贵方现有存货的交易,仅要求将货物的交付日期调整至2021年5月。

国内出口商2020年3月27日回函称未收到境外买方的付款计划。（As we did not receive the huge overdue payment on time and also did not receive any feedback for the payment schedule from your finantial team. 由于我们没有按时收到巨额逾期付款,也没有收到贵方财务团队关于付款计划的任何反馈。）

依照《公约》和我国《民法典》的相关规定,支付货物价款和收取货物是买方的基本合同义务。从境外买方采取的上述应对磋商看,推迟已收到货物的付款和延迟接受未出运的货物等事实说明了境外买方的合同履行能力已经大大下降,很难不让一个理性的国际贸易从业者合理怀疑境外买方能否继续支付价款。另外,涉案合同最先到期的一笔货款应付款日是2020年1月12日,此时新冠肺炎疫情并未全球肆虐以致影响到境外买方的正常经营,境外买方却迟迟不支付已届清偿期的到期货款。支付价款属于金钱债务,一般不会发生履行不能。因此,合理推断应是境外买方的履行能力存在严重缺陷。国内出口商作为卖方,收取货款是其合同主要目的,境外买方的不合理的延迟行为将很可能使其合同目的落空。因此,按照《公约》的规定,境外买方预期违约时,国内出口商有权利宣告合同无效,解除自己在合同项下的义务。

此外,《民事诉讼法》第67条第1款规定:“当事人对自己提出的主张，有责任提供证据。”当事人主张存在违约行为并要求赔偿损失的，应当对存在违约的基本事实、损失金额承担举证证明责任，其未能提供有效证据，应当承担举证不能的不利后果。本案中，境外买方主张国内出口商取消订单给其造成损失的，按照《民事诉讼法》的证明责任规则，其应当就实际损失、实际损失与国内出口商的因果关系等提供相应的客观证据予以证明，否则举证不力的一方承担相应的不利后果。现有证据材料下，境外买方未能就其主张提供进一步的证据材料，境外买方应承担相应的举证不利的法律后果，即境外买方关于国内出口商应赔偿取消订单给其造成损失的主张不足以成立。

三、案件处理意见

按照涉案合同关于付款条件 O/A120 日的约定，在涉案合同债权的付款清偿期届满之时，境外买方应当按约定向国内出口商支付货款。现有证据材料下，境外买方延迟支付价款致使国内出口商的合同目的落空，构成预期根本违约，按照《公约》规定，国内出口商有权宣告合同无效。且境外买方未能就其损失主张提供进一步的证据材料，若无相反证据，境外买方关于国内出口商应赔偿取消订单给其造成的损失的主张不足以成立。境外买方仍然负有按照合同约定支付价款的义务。也即，国内出口商有权依法向买方主张涉案合同债权。

四、实务操作建议

上述案例中，境外买方收货后，其在国际贸易下的主要义务仅剩支付货款。支付货款属于金钱之债，该等债务清偿可以通过转账、汇款、支票、汇票、本票、现金等多种方式履行，具有很强的可替代性，因而金钱债务原则上必须实际履行，违约方不得以任何理由针对非违约方的履行请求作出抗辩。

对于境外买方提出的新冠肺炎疫情影响，疫情可能在某些情况下影响到了境外买方履行支付金钱义务的时间，如境外买方因新冠肺炎疫情被隔离观察、被隔离治疗，无法自行或委托他人办理付款事宜。此时，境外买方可以因其受不可抗力的影响主张免除迟延履行债务的责任，但应在不可抗力的影响消除或减弱后的合理期限内履行付款义务。若是存在新冠肺炎疫情等特殊情形，国内出口商可与境外买方积极沟通，并要求其提供相关证明。境外买方因新冠肺炎疫情封锁而不能支付货款，只会导致履行迟延，而非履行不能，因此不能援引不可抗力免除付款责任。

此外，若是国内出口商投保了出口信用保险，通过前文关于金钱债务原则上不发生履行不能的分析可知,若境外买方以不可抗力为由拒付货款的,属于买方信用风险,保险人应承担相应的保险责任。境外买方以不可抗力为由主张延期付款的,仍然属于保单条款规定的商业风险中的“买方拖欠货款”,保险人应当进行赔付。假使案件的具体情况表明境外买方的不付款是由于不可抗力所直接导致的,在此种情况下,原则上还可以按照保单条款规定的政治风险来进行赔付。

专题十

信用保险保单常见问题

28

短期险项下被保险人的出口申报义务

短期出口信用保险合同是出口商和保险人订立的以出口商向保险人缴纳保险费、保险人承保因海外买方信用风险或政治风险导致出口商货款损失为主要内容的合同。短期险项下出口商的主要合同义务是支付保险费,但除此之外,出口商还负有申报出口、如实陈述、通知出险、协助追偿等义务。本文所涉案例是出口商未履行申报出口义务,导致其保险理赔受阻。通过该则实务案例分享,简析短期险项下申报出口义务的来龙去脉,同时提醒广大出口商要谨慎履约,以免无法获偿。

一、案情介绍

（一）国内出口商与境外买方买卖合同概况

1. 被保险人国内出口商与境外买方于 2017 年 9 月签订了涉案买卖合同，约定：国内出口商向境外买方出售 2200 卷的斜纹织布料（以下简称涉案货物），单价为 83 美元/卷，总价为 182, 600 美元，贸易术语为 CIF SANTOS，自提单日起 60 天内付款。

2. 2017 年 10 月，国内出口商就涉案货物对应的货款向境外买方开具了金额为 182, 600 美元的商业发票，并于 10 月 24 日向上海海关申请报关。涉案货物于 2017 年 10 月 27 日交付承运人。

3. 货款到期后，境外买方未依约支付货款。国内出口商向境外买方追偿，境外买方承认其欠付货款的事实，并作出付款承诺，但至今仍未履行支付义务。

（二）国内出口商与中国信保的保险合同概况

1. 2017 年 4 月 28 日，国内出口商作为被保险人同中国信保签订了涉案保险合同，约定：(1) 由中国信保承保被保险人全部信用证和非信用证支付方式的出口;(2)保单有效期为2017年5月1日至2018年4月30日;(3)申报方式为每月25日前被保险人将上月符合本保单适保范围或约定保险范围的全部出口向保险人申报;(4)保险费率为单一费率;(5)适用《短期出口信用保险综合保险条款》(以下简称《保险条款》)。

2. 涉案货物于2017年10月27日出运,依照保险合同约定,国内出口商应于2017年11月25日前向中国信保申报出运,但其于2017年12月4日才向中国信保申报涉案货物的出运。而在此时,国内出口商向境外买方出运的其他非涉案合同项下的货物货款已经发生拖欠风险:发票号为ZT201707521的货物于2017年8月10日出运,约定的支付条件为O/A60天,应于2017年10月9日收汇,但至2017年11月9日尚未收汇;发票号为ZT2017072526的货物于2017年8月17日出运,约定的支付条件为O/A60天,应于2017年10月16日收汇,但至2017年11月15日仍未收汇,依据《保险条款》第32条第11款对拖欠之定义"拖欠:买方收到货物后,违反销售合同的约定,超过应付款日30天仍未支付货款",买方境外买方于2017年11月10日起即发生拖欠风险。

3. 2017年12月4日国内出口商向中国信保申报涉案货物的出运,并通知出险。随后向中国信保递交了索赔申请书。

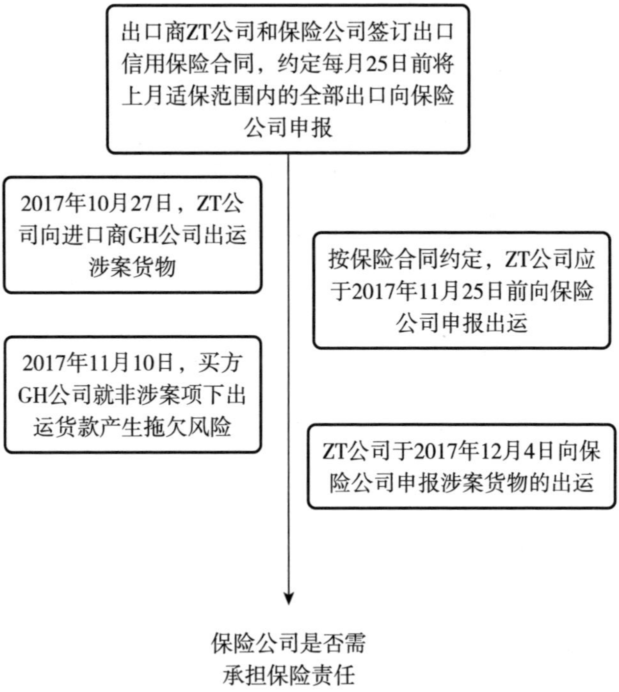

图 28－1　主要贸易事实时间线

二、案件法律分析

ZT 公司和保险公司订立的《保险条款》第 6 条约定："保险人对被保险人未申报或误申报的出口有权拒绝承担赔偿责任。对于未在规定的时间内申报的出口，被保险人有义务及时补报。对于在补报前已经发生的损失或者可能引起损失的事件已经发生的,保险人对该补报部分不承担赔偿责任。如果被保险人有故意不报或漏报行为,对本保单项下被保险人所有出口发生的损失,保险人有权拒绝承担赔偿责任,并不退还已收保险费。”该条款的目的在于规避被保险人的逆选择风险。

所谓的逆选择,是指保险公司和被保险人订立的保险合同通常约定被保险人根据其申报出口金额再乘以费率所得出的金额向保险公司缴纳保险费,在需要依赖被保险人申报出运情况来计算保费的情形下,被保险人为少缴保费而选择先不申报出运,在保险风险发生后,才向保险公司申报出运以期获得保险赔偿的投机行为。然而,保险合同的本质是一种射幸合同,所谓的射幸合同是指合同当事人一方支付的代价所获得的只是一个机会,对投保人而言,他有可能获得远远大于所支付的保险费的效益,但也可能没有利益可获;对保险人而言,他所赔付的保险金可能远远大于其所收取的保险费,但也可能只收取保险费而不承担支付保险金的责任。被保险人的此种逆选择行为无疑违背了保险合同的射幸本质,损害保险人的射幸利益。鉴于此,保险人在保险合同中一般都会明确提出要求,被保险人应按双方的约定进行出运申报。

本案中,按照保险合同的约定,被保险人应于每月 25 日前将上月符合本保单适保范围或约定保险范围的全部出口向保险人申报。国内出口商 ZT 公司于 2017 年 10 月 27 日将货物出运,依照上述保险合同之约定,其应于 2017 年 11 月 15 日前将该笔出运向保险公司申报。然而,国内出口商于 2017 年 12 月 4 日才向保险公司申报涉案批次货物的出运,且此时境外买方 GH 公司已经发生拖欠的商业风险,依据《保险条款》第 6 条"……对于在补报前已经发生的损失或者可能引起损失的事件已经发生的,保险人对该补报部分不承担赔偿责任……"之约定,本案国内出口商未能按时申报出运,一直拖延到出险后才申报,保险公司有权拒绝承担赔偿责任。

《保险条款》第 6 条约定:"保险人对被保险人未申报或误申报的出口有权拒绝承担赔偿责任。对于未在规定的时间内申报的出口,被保险人有义务及时补报。对于在补报前已经发生的损失或者可能引起损失的事件已经发生的,保险人对该补报部分不承担赔偿责任。如果被保险人有故意不报或漏报行为,对本保单项下被保险人所有出口发生的损失,保险人有权拒绝承担赔偿责任,并不退还已收保险费。"本案中,被保险人应于每月 25 日前将上月符合本保单适保范围或约定保险范围的全部出口向保险人申报。而国内出口商未能按时申报,一直拖延到出险后才申报,保险人有权拒绝承担赔偿责任。

三、案件处理意见

《保险条款》第6条的目的在于规避被保险人的逆选择风险，避免对保险人保费收取和保险责任承担造成不合理的影响。本案中，ZT公司未按照保险合同约定的时间向保险公司申报出运，在其拖延申报期间，境外买方已经发生拖欠的商业风险。因此，无法排除国内出口商存在相应的逆选择风险，保险公司有权拒不承担赔偿责任。

四、实务操作建议

为了规避被保险人的逆选择风险，保险人也通常设定的商业风险承保比例很少超过90%。参照《出口信用保险从业指南》一书，“商业风险的承保比例很少超过90%，这是为了促使被保险人出口商和银行有动力去尽可能地避免或减少商业事件导致的损失。为了达到上述目的，通常会让出口商和银行在ECA承保范围之外保留一小部分的商业风险，通常称为剩余风险”。

出口商在签署保险合同时应仔细阅读保险条款，对和实际贸易业务、公司经验管理机制不相符的条款要及时与中国信保沟通协商，以批单或补充协议的形式进行修改调整，不能修改调整的，及时明确相关义务具体内容，建立合规化的义务操作。

除了支付保险费的主合同义务，出口商还要注意保险合同项下的申报出口、通知出险、协助追偿等附随义务，及时履行，以免“因小失大”。就“申报”而言，申报方式一般在《保险单明细表》中列明。申报方式中包括申报频率和申报时限等。申报范围是约定保险范围内的全部出口。

29

出险后被保险人继续出运的保险赔偿问题

出口企业在保险合同中通常会发现如下条款:"对被保险人(国内出口商)知道或应当知道买方破产或无力偿付债务、买方拖欠货款、买方拒绝接收货物等风险,或者由于买方根本违反或预期违反销售合同,被保险人仍继续向买方出口所遭受的损失,保险人不承担赔偿责任。"该条款俗称"知险后出运"条款,系保险人除外责任的情形之一。就该条款的理解和适用,出口企业和保险公司容易产生分歧。本文以一起国内出口商知险后出运货物引发的纠纷为例,尝试为国内企业和保险公司提供一些有关"知险后出运"条款理解和适用上的实务建议。

一、案情介绍

2017 年 6 月 23 日，国内出口商与境外买方签署售货确认书，约定国内出口商向境外买方提供不同颜色、尺寸的短裤若干，付款条件为"O/A30 days from shipping date"。

2018 年 3 月至 6 月，国内出口商陆续向境外买方出运 5 笔货物。根据保险公司提供的物流调查报告可知，国内出口商提供的 5 张提单真实可信，涉案发票项下的货物已真实出运，且境外买方已经提取货物。

国内出口商向境外买方出运的 5 笔货物发票金额总计为 1,137,131.52 美元。货款到期后，境外买方以经营不善为由拒绝支付涉案货款。

二、案件法律分析

国内出口商与境外买方就买卖若干不同颜色、尺寸的服装达成书面协议，并各自在售货确认书上签字盖章，若无其他情形，应推定买卖合同依法成立并生效。其后，国内出口商陆续向境外买方出运货物，境外买方业已收取了货物。国内出口商已经依照合同的约定履行了主要的合同义务，现货款付款期限已经届满，境外买方应当依约支付货款。

根据《短期出口信用保险综合保险条款(3.0版)》第2条关于保险责任的规定可知，非信用证支付方式下保险公司的承保范围包括境外买方拖欠货款。本案中，国内出口商与境外买方约定的支付条件为自出运之日起30日内付款(O/A30 days from shipping date)，属于非信用证支付方式。境外买方到期不支付货款，构成拖欠，若无其他除外责任情形，本案应该属于保险公司的保险责任。

但是，根据《短期出口信用保险综合保险条款(3.0版)》第3条关于除外责任的规定可知，对于被保险人知道保险风险已经发生仍继续向买方出口所遭受的损失，保险人不承担赔偿责任。本案中，国内出口商于2018年3月18日出运了第一笔货物，依据售货确认书中约定的付款条件，境外买方应于2018年4月17日前付款；根据《短期出口信用保险综合保险条款(3.0版)》关于拖欠的定义可知，境外买方超过应付款日30日仍未付款，即于2018年5月17日仍未支付货款，保单项下的拖欠风险即已经发生。国内出口商在保单项下的拖欠风险已经发生的情形下，却仍然继续分别于2018年5月23日和6月22日向境外买方出运第四笔和第五笔货物，表

29－1为国内出口商向境外买方5笔出运信息的统计表：

表29－1 出运统计

序号	发票号	出运时间	应付款日	拖欠发生日	发票金额
1	GZDH2018－7－001	2018年3月18日	2018年4月17日	2018年5月17日	223,856.64
2	QDDH2018－2－002	2018年3月28日	2018年4月27日	2018年5月27日	218,265.60
3	QDDH2018－2－003	2018年4月28日	2018年5月28日	2018年6月27日	229,447.68
4	GZDH2018－7－002	2018年5月23日	2018年6月22日	2018年7月22日	223,856.64
5	GZDH2018－7－003	2018年6月22日	2018年7月22日	2018年8月21日	241,704.96

从表29－1可以看出，国内出口商分别发运的第四笔和第五笔货物的出运时间已经超出了第一笔货物货款的拖欠风险发生日，属于“知险后出运”，构成保险人的除外责任。对于这两笔发票项下的货款损失，保险公司不应承担赔偿责任。即总债权1,137,131.52美元扣除知险后出运的第四笔出运金额223,856.64美元、第五笔出运金额241,704.96美元后，保险公司的理赔基数应当为671,569.92美元。

三、案件处理意见

国内出口商与境外买方的买卖合同真实合法有效，国内出口商也依照合同约定履行了自己的交付义务，国内出口商依法可以向境外买方主张合同债权。正常情形下，境外买方拖欠货款，属于保险公司的保险责任，但由于涉案贸易中第四笔及第五笔出运因被保险人存在"知险后出运"的情形，构成保险人的除外责任，保险公司对此不必承担赔偿责任。

四、实务操作建议

补偿性是保险的基本特征之一，保单条款中约定"知险后出运"保险人免责，其主要的目的在于平衡保险人与投保人利益，避免投保人故意或滥用保险骗取保险金，符合公平原则和诚实信用原则。

但考虑到在国际贸易实务中，由于多种因素，境外买方的付款可能或多或少地出现延迟，如果一发生付款延迟即被认为拖欠风险发生有可能过于严苛，给被保险人回收货款造成不良影响，阻碍国际出口贸易的正常进行。因此，对于"知险后出运"

的认定和适用应秉持审慎态度。保单条款也对“拖欠”另行作出规定:买方违反贸易合同的约定,超过应付款日 30 日仍未支付货款才视为“拖欠”风险发生。出口企业需要注意的是,除“拖欠”之外,其他承保风险并无相应的宽限期。

对于买卖双方进行长期合作交易的情形,为防止“知险后出运”的发生,国内出口商需要设置合理的账期,并及时督促境外买方按期付款;防止新一批货物尚未出运,而前期货物的货款就已发生拖欠风险。另外,国内出口商也可以与境外买方约定好付款的抵充顺序,若是明确约定滚动付款优先抵充较早出运交易项下的货款,也有利于避免已出运交易的货款快速到期,发生拖欠风险。

30

除外责任中“买方未获得许可证”的理解

保单条款是保险公司专业化的体现。正如哲学家维特根斯坦所观察的那样，语言活动就是一个理解与被理解的过程。在与每个具体的保险理赔案件结合时，如何正确理解与适用保单条款，是所有保险参与人员面临的共性问题。本文拟通过一则实务案例，解释保单中除外责任条款的含义，以期明确保险合同条款的解释规则，方便保险从业人员掌握和使用。

一、案情介绍

国内出口商分别于2013年6月21日和2013年10月11日

同境外买方签订了编号为 N214 - CL201305 和 N214 - CL201306 的货物销售合同，合同约定货物总数量为 2100 台摩托车配件，总金额为 961,800 美元，合同载明的贸易术语为 FOB，付款方式为 T/T，境外买方支付 25% 货款后国内出口商开始生产，境外买方在提单日后 15 日内支付剩余 75% 尾款。

根据国内出口商提供的贸易材料和保险公司海外渠道提供的调查往来邮件，境外买方已向国内出口商支付共计 58,135 美元的预付款，国内出口商业已如实将涉案销售合同项下的货物交付给境外买方，境外买方确认收到了涉案销售合同项下的货物。

但就涉案尾款部分，境外买方主张涉案销售合同项下的货物不符合当地排污许可标准，导致无法在巴西国内销售，至今尚未支付涉案销售合同项下的剩余货款 903,655 美元。

根据国内出口商提供的保险索赔文件可知，国内出口商已经获得重庆市仲裁委(2016)渝仲字第 × × × 号胜诉裁决，并向巴西高等法院申请执行。

二、案件法律分析

本案中，被保险人就其与买方的买卖合同争议已经过国内仲裁庭的仲裁裁决,国内出口商依法取得对境外买方的合同债权,笔者对此部分不再赘述。关于保险人是否应就本案进行定损核赔,被保险人与保险人之间比较大的分歧点在于保险单除外责任条款的理解问题。具体为《短期出口信用保险综合保险条款(3.0版)》第3条第4款第5项规定:“除非本保单另有规定,保险人对下列损失不承担赔偿责任:……由于被保险人或买方未能及时获得各种所需许可证、批准书或授权,致使销售合同无法履行或延期履行引起的损失”(以下简称除外责任条款)。结合境外买方所述,涉案销售合同项下的货物不符合排污许可标准导致无法在巴西国内销售,这是否属于上述保单除外条款规定的情形,下文将就此展开分析。

首先,境外买方所抗辩“导致无法在巴西国内销售”,是指“货物不符合排污标准”,致使境外买方与其下游买方的销售合同无法履行。除外责任条款中对“销售合同”的范围未予明确。但是,对于“销售合同”的理解,按照通常的理解方式,应当理解为被保险人与限额买方之间订立的货物销售合同,本案中为国内出口商与境外买方之间的销售合同。若是理解为不仅包括国内出口商与境外买方之间的合同,也包括境外买方与下游买家的合同,应当说有较为明显的扩大解释“销售合同”概念之嫌。

此外,该种情况下,若对保单条款存在两种解释,依据《合同法》第41条(现《民法典》第498条)“对格式条款的理解发生争议的,应当按照通常理解予以解释。对格式条款有两种以上解释的,应当作出不利于提供格式条款一方的解释。格式条款和非格式条款不一致的,应当采用非格式条款”和《保险法》第30条“采用保险人提供的格式条款订立的保险合同,保险人与投保人、被保险人或者受益人对合同条款有争议的,应当按照通常理解予以解释。对合同条款有两种以上解释的,人民法院或者仲裁机构应当作出有利于被保险人和受益人的解释”之规定,如果将“销售合同”扩大解释为包含境外买方与下游买家之间的合同,会明显加重被保险人国内出口商的责任,不利于被保险人。因此依照有利于被保险人的解释原则,应当推定“销售合同”仅指国内出口商与境外买方之间的合同,境外买方与下游买家之间的合同履行问题并非保单所意图约束的对象。

同理,保单条款约定的“各种所需许可证”,应当理解为特指影响到国内出口商与境外买方之间的贸易合同是否能够履行的许可证,而不应该包括境外买方向其国内下游买方销售货物的许可证。

因此,本案境外买方提及的因未获得排污许可证,进而导致涉案货物无法在巴西国内销售,明显指代的也是境外买方与下游买家之间的合同履行所需要的当地排污许可。依据合同的相对性原则,该许可证系境外买方与下游买家之间的合同履行问题,该许可证的无法办理,并未影响到被保险人向境外买方履行出运义务,也未影响到境外买方向被保险人支付货款义务的履行,即不符合保单约定的“由于买方未能及时获得各种所需许可证、批准书或授权,致使销售合同无法履行或延期履行引起的损失”的情形。

三、案件处理意见

对于《短期出口信用保险综合保险条款(3.0 版)》第 3 条第 4 款第 5 项规定的“销售合同”,应当理解为仅指国内出口商与境外买方之间的合同,而不包括境外买方与下游买家之间的合同。即使对此概念异议,在存在两种理解的情形下,依照法律法规之规定,也应当采用有利于被保险人的解释。同理,“各种所需许可证”,应当理解为特指影响到国内出口商与境外买方之间的贸易合同是否能够履行的许可证,而不应该包括境外买方向其国内下游买方销售货物所需的许可证。因此,本案不属于《短期出口信用保险综合保险条款(3.0 版)》第 3 条第 4 款第 5 项规定的除外责任之情形。

四、实务操作建议

上述案例中，我们看出关于保险合同中格式条款的解释规则是：若就保险条款的理解产生争议，首先应当按照“通常理解予以解释”，有两种以上解释的，应当作出有利于被保险人的解释。该等解释规则在《民法典》第 498 条（与原《合同法》第 41 条内容一致）和《保险法》第 30 条有明确规定。

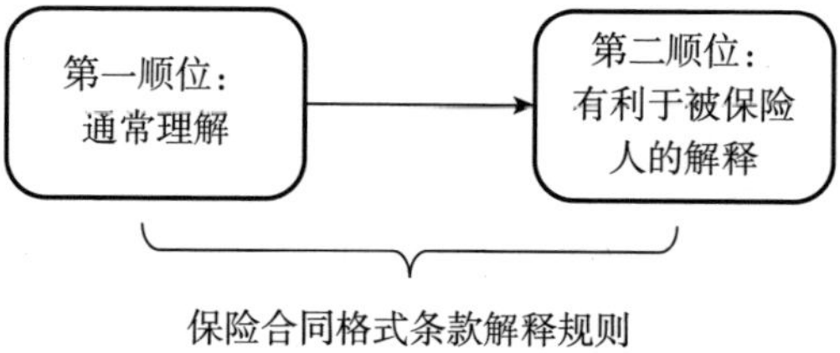

图 30－1　保险合同格式条款解释规则

这里需要注意的有两点：一方面，“对格式条款的理解发生争议”是适用解释规则的前提。且对于保险合同条款理解的争议应存在于被保险人和保险人之间，其他人不能凭自己对格式条款的理解和保险合同当事人不一致就认为“对保险合同的理解发生争议”。并且，该等理解争议应是合理的，对于文义清晰明确的合同条款，没有进一步解释的需要。如因一方当事人不合理的解释，甚至是为了制造分歧而刻意形成的争议，就没有解释的必要性。

另一方面,有争议的保单条款按照通常理解予以解释,这里的“通常理解”如何进行理解?法律和司法解释对此都没有明确规定。参照《中华人民共和国民法典合同编理解与适用(一)》的观点,“通常理解”应参照《民法典》第142条第1款的规定及第498条的规定进行理解。[①] 也即,按照所使用的词句、结合相关条款、行为的性质和目的、习惯以及诚信原则,确定意思表示的含义。

解释通常发生在语义不明的情形。对于出口企业而言,与境外买方订立买卖合同时,应当尽量对货物的规格、质量、标准、检测机构、检测方法、市场准入、资质许可等事项作出明确的约定,避免后期双方发生争议。本案中如果是因为不符合排污许可标准,导致货物无法进口清关的,则很有可能会导致保险公司无法赔付的结果。

① 最高人民法院民法典贯彻实施工作领导小组:《中华人民共和国民法典合同编理解与适用(一)》,人民法院出版社2020年版,第258页。

31

如何准确理解保险人批复的“信用限额”

信用限额制度是出口信用保险的特色之一。它既是保险公司控制自身承保风险的重要手段,也是保险公司帮助被保险人国内出口商管理经营风险的有利控制措施。但在笔者办理的大量案件里,部分企业仍然忽视保险公司批复的信用限额,超过信用限额审批单规定的限期或金额与境外买方继续交易,从而引发一系列保单责任承担上的问题。

一、案情介绍

2016 年 3 月 6 日,国内出口商收到境外买方发送的编号为

1826的涉案订单,2016年5月16日,国内出口商向境外买方开出编号为DML612516的商业发票。发票总金额为150,000美元,贸易术语采用CIF。2016年6月20日,国内出口商安排将涉案订单项下的货物按照约定交付承运人。

2016年9月25日,国内出口商向境外买方开出PAYMENT REMINDER及DEBIT NOTE,载明的付款条件为货物抵达目的港后的60天,以T/T方式付款,提单日期为2016年6月20日,实际到港日期为2016年7月5日,支付期限应为2016年9月5日之前。

根据保险人中国信保提供的调查报告可知,境外买方承认贸易关系存在,并承认已收到涉案合同项下的货物,但称已于2016年10月19日向国内出口商汇付22,000美元,用于支付涉案合同项下的货款。

国内出口商向保险人申请索赔金额为150,000美元。但境外买方在此之前已将22,000美元付至国内出口商贸易联系人要求更改后的账户,由于联系人目前处于失联状态,无法核实前述情况。国内出口商为推进理赔,确认承诺放弃该22,000美元的索赔。

另外,保险人提供的信用限额审批单显示,保险人于2016年6月2日批准境外买方信用限额具体内容:期限70天、金额

100,000美元的信用限额，该信用限额生效时间为2016年5月20日。

二、案件法律分析

根据现有证据材料，可以初步认为国内出口商依法享有对境外买方的合同债权。考虑到本案存在的信用限额审批、被保险人放弃债权等情形，主要的争议点在于赔付基数的计算上，以下为具体分析：

由于境外买方并未支付货款，国内出口商起初向保险人提交了索赔申请书主张赔付损失150,000美元。但后续，国内出口商主动放弃了22,000美元索赔，并已出具了相应的书面说明文件，可以认为系国内出口商的真实意思表示，国内出口商放弃索赔的行为合法有效。依照保险人与国内出口商的保单约定，保险人在定损核赔时可将该22,000美元予以扣除。

根据信用限额审批单，本案项下批复的境外买方信用限额为100,000美元，国内出口商申请索赔的损失金额为128,000美元（扣除放弃的22,000美元），已经超过信用限额。根据《短期出口信用保险综合保险条款（4.0版）》第11条约定，“在符合最高赔偿限额约定的前提下，保险人对保险责任范围内的损失，按照核定损失金额与信用限额从低原则确定赔付基数”。按照损失金额与信用限额从低原则,本案赔付基数应确定为100,000 美元。

除此之外,根据保险人提供的信用限额审批单,境外买方获批 70 天的信用限额期间。另据国内出口商提供的情况说明,其与境外买方约定的支付方式为货物到港后 60 日,通常货物在途时间为 10 天,意即开船后 70 日境外买方应当付款。但本案中由于船期不可抗力原因,导致船期增长,账期延长至 77 天,超过了批复的 70 天账期。因此,保险人可以结合被保险人义务履行上瑕疵是否对保险人权益造成影响,以及造成影响的程度进行定损核赔。

三、案件处理意见

本案中,若无相反证据,国内出口商就 22,000 美元的货款放弃索赔的行为有效,保险人可在赔付基数中扣除该款项。本案项下信用限额为 100,000 美元,国内出口商申报的损失金额超过信用限额,按照保单约定本案应以金额较低的信用限额作为赔付基数,本案赔付基数应确定为 100,000 美元。此外,由于本案项下实际信用限额期间超出了保险人批复的信用限额期间,保险人可以结合被保险人的履行瑕疵是否对公司权益造成影响以及造成影响的程度,进行定损核赔。

四、实务操作建议

保险公司通常在保险条款中会规定自身所承担责任的额度。以《短期出口信用保险综合保险(4.0版)》为例,保单条款明确了两种保险人的责任限额:最高赔偿限额和信用限额。最高赔偿限额是指在保单的年度有效期内,保险人对被保险人按保单约定申报的出口可能承担赔偿责任的累计最高赔偿额。最高赔偿限额一般在《保险单明细表》中列明。最高赔偿限额的作用是保险人控制单个保单的年度赔偿上限。而信用限额是由保险人批复的,保险人对特定买方或特定开证行确定赔付基数的最高限额,具体赔偿额按本保单约定的赔偿比例计算,但不应超过本保单最高赔偿限额。信用限额一般在《信用限额审批单》中列明。信用限额的作用是保险人控制单一买方的赔偿基数上限。

例如,国内出口商A公司2021~2022年度保单约定最高赔偿限额为12万美元,保险人批复境外买方B企业信用限额10万美元,拖欠赔偿比例90%。后A企业向B企业实际出口货物达 15 万美元。若境外买方 B 企业到期不付款,由于信用限额制度的限制,保险人只能在以 10 万美元为赔付基数,以该赔付基数乘以赔偿比例后保险人实际支付赔偿款 9 万美元。后续,国内出口商又同境外买方 C 企业开展合作,保险人批复境外买方 C 企业信用限额 10 万美元,拖欠赔偿比例 90%。后 A 企业向 C 企业实际出口货物 8 万美元,C 企业到期不付款后,A 企业向保险人申请保险理赔。A 企业向 C 企业的出口额在信用限额范围内,正常理解,保险人应当赔付 7.2 万美元(8 万美元 × 赔偿比例 90%)。但由于本年度内,A 企业因先前发生的保险事故已经获得赔付 9 万美元,本年度最高赔偿限额仅剩余 3 万美元,A 企业最终只能获得 3 万美元的保险赔付。

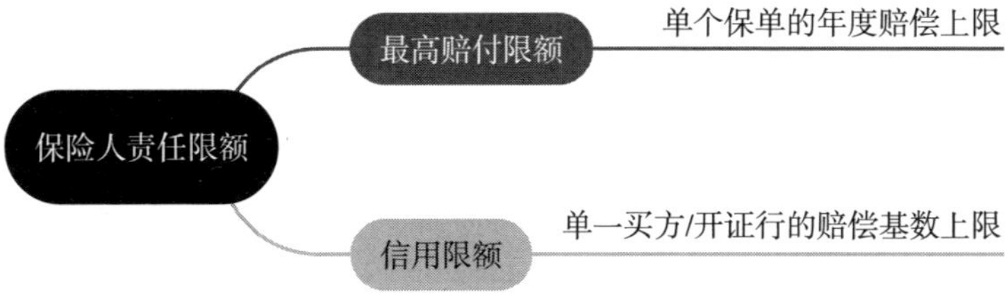

图 31－1　保险人责任限额类别

由此,对于出口企业而言,首先,要熟悉保单条款关于责任限额的规定,对于其中的关键数字要非常敏感。其次,建立内部台账制度,保单年度有效期内保险人已经赔付数额、剩余的赔付额度、对买方已经使用的信用限额额度、尚未使用的信用限额额度等设置超额提醒。最后，如果是最高赔偿限额和信用限额已经接近满额，及时与保险人联系磋商，看能否变更限额，待保险人批复相关额度后再行签订新的订单，出运货物，以免发生承保风险后难以获得保险理赔。

32

与境外买方和解需要符合《保险条款》的规定

作为国际贸易的重要参与者——中小企业而言，现金流是企业的生命线，新冠肺炎疫情当下尤甚。笔者实际接触到的一个案件就是发生了境外买方和开证行拖欠货款，货物已经被境外买方提走，国内出口商担心钱货两空，不得已接受了买方提出的降价方案。在就降价部分无法向境外买方和开证行主张的情况下，国内出口商能否获得保险理赔成了一个疑问。本文即通过对该案例的剖析，考察《保险条款》的相关规定，希望出口企业能够从中获得启示。

一、案情介绍

2020年2月2日，国内出口商同境外买方订立编号为WFXYD－20004、WFXYD－20006的CONTRACT（以下简称涉案合同），涉案合同约定境外买方向国内出口商购买2019 NEW CROP GARLIC 58MT（以下简称涉案货物），货物总金额为149,640美元，付款方式为即期信用证（L/C No. 043220010028、043220010040）（以下简称涉案信用证）。同日，国内出口商开具编号为WFXYD－20004、WFXYD－20006的INVOICE（发票），发票总金额为149,640美元。

2020年2月7日，国内出口商将涉案货物交付给承运人，承运人签发提单。其后，根据国内出口商提交保险人的《说明》，国内出口商向信用证开证行提供所需单据，银行未提出不符点。

2020年3月25日，国内出口商向潍坊农商银行国际业务部提交信用证L/C No. 043220010028项下的《减额申请》，申请减额37,410美元，2020年4月2日，国内出口商收到信用证项下余款37,290美元。2020年4月10日，国内出口商向潍坊农商银行国际业务部提交信用证L/C No. 043220010040项下的《减额申请》,申请减额 37,410 美元,2020 年 4 月 16 日,国内出口商收到信用证项下余款 37,260 美元。

就两笔减额,国内出口商向保险人中国信保申请保险理赔。

二、案件法律分析

按照国内出口商分别于 2021 年 1 月 28 日和 2021 年 3 月 2 日所作的《说明》,国内出口商称本案中开证行 UTTARA 银行(乌托拉银行)擅自向境外买方放单,后续其迫于无奈接受了境外买方的降价方案,就降价部分(编号为 WFXYD – 20006 合同项下降价 37,735 美元;编号为 WFXYD – 20004 合同项下降价 37,705 美元)应该属于开证行违约造成的损失,开证行应当承担相应的赔偿损失责任。就开证行是否应当承担赔偿损失的责任问题,具体分析如下:

根据涉案信用证第 F42C 条"Drafts at SIGHT"(即期汇票)之记载,涉案信用证为见单即付的即期信用证。根据 UCP600 第 7 条"倘若规定的单据被提交至被指定银行或开证行并构成相符提示,开证行必须按下述信用证所适用的情形予以兑付:i. 由开证行即期付款、延期付款或者承兑"之规定,UTTARA 银行应当在国内出口商提交涉案信用证规定的单据时即期付款。

因此，在国内出口商提交涉案信用证规定的单据时，UTTARA银行有向国内出口商按照信用证全额付款的义务。

但是，其后，国内出口商向潍坊农商银行国际业务部分别于2020年3月25日与2020年4月2日提交两份《减额申请》，免除了境外买方的部分付款义务。UTTARA银行按照《减额申请》向国内出口商公司支付了剩余款项。国内出口商称开证行UTTARA银行擅自向境外买方放单致使受有降价部分的损失，但涉案合同约定的付款方式为即期信用证，在国内出口商提交涉案信用证规定的单据时，开证行UTTARA银行即有付款的义务。按照信用证的国际惯例，该等付款与UTTARA银行向境外买方是否放单、何时放单并无关联。国内出口商所称的降价部分损失与开证行向境外买方放单并无法律上的因果关系。

此外，按照国内出口商向潍坊农商银行国际业务部提交的《减额申请》："因疫情原因船期到达晚，市场行情下滑，应客户要求，减额37,410美元，实付客户37,410美元。"国内出口商在免除境外买方的部分付款时并未提及任何有关开证行UTTARA银行的原因。国内出口商在两份《减额申请》的文末明确声明："因此造成的损失由我司承担。"与国内出口商的前述抗辩存在矛盾。

因此，在国内出口商提交涉案信用证规定的单据时，

UTTARA 银行有向国内出口商按照信用证全额付款的义务，但其后国内出口商自愿免除其对境外买方的部分债权，该部分债权损失与开证行向境外买方放单并无法律上的因果关系。且国内出口商在《减额申请》中表明承担因此造成的损失。因此，若无相反证据，UTTARA 银行对国内出口商的损失不承担责任。

根据《保险条款》第 2 条“保险人对被保险人在保单有效期内产生的适保业务，因下列风险引起的直接损失，按本保单约定承担保险责任：信用证支付方式下包括以下情形：1. 开证行破产、停业或被接管；2. 开证行拖欠；3. 开证行拒绝承兑”之规定，保险人在信用证作为支付方式的出口合同项下，仅就以上三种情况所产生的商业风险承担保险责任。本案中，UTTARA 银行并未出现破产、停业或被接管的情形。事实上，国内出口商在免除境外买方的部分付款以及 UTTARA 银行付清余款后，国内出口商与境外买方之间的债权债务已经终止，UTTARA 银行对国内出口商的损失不承担责任。因此，由于本案不存在《保险条款》规定的承保风险，国内出口商请求保险人承担保险责任没有依据。因此，在本案不存在出险事由的情形下，按照《保险条款》规定，保险人可不承担本案项下的保险责任。

另外，根据《保险条款》第 17 条“赔付后出现下列情况之一时，被保险人应在收到保险人退款要求后十个工作日内退还保险人已支付的赔款：……（二）被保险人擅自接受退货、同意折扣、擅自放弃债权或与境外买方或开证行私自达成和解协议”之规定，国内出口商免除境外买方部分付款义务已构成《保险条款》第17条中的擅自放弃债权。因此，即使保险人对本案国内出口商承担的损失进行了定损核赔，国内出口商也应当退还相关的保险理赔款。

三、案件处理意见

保险人签发的《保险条款》约定了信用证作为支付方式的承保风险，但本案不存在相关的承保风险。国内出口商自愿免除其对境外买方的部分债权，该部分债权损失与开证行向买方放单并无法律上的因果关系。且国内出口商在《减额申请》中表明承担因此造成的损失。因此，若无相反证据，UTTARA银行对国内出口商的损失不承担责任。并且，即使保险人对本案国内出口商承担的损失进行了定损核赔，国内出口商免除境外买方部分付款义务也已构成《保险条款》第17条中的擅自放弃债权，国内出口商也应当因此退还赔款。故，保险人可不承担本案项下的保险责任。

四、实务操作建议

从上述案例中,我们可以看出在货物已经被境外提取的情况下,国内出口商也是为了避免钱货两空,减少损失,被迫接受降价以尽可能地收回货款。国内出口商可谓是“情有可原”。但当涉及保险理赔,国内出口商仍然要遵守与保险人订立的保险条款。

以《短期出口信用保险综合保险(4.0 版)》为例,保险人在定损核赔时会扣除多项款项,其中就包含了“被保险人或其代理人未经保险人书面同意擅自降价、放弃债权的部分”,也即保险人对被保险人该部分损失不予保险理赔。这是因为在保险事故发生后,被保险人国内出口商同境外买方关于合同债权以各种降价、和解等方式放弃的部分,如果进行保险赔付,保险人也再无从向境外买方主张该放弃部分的合同债权。毫无疑问,被保险人国内出口商的擅自处分行为严重影响了保险人的权利。我国《保险法》第 61 条第 1 款对此也有类似规定,“保险事故发生后,保险人未赔偿保险金之前,被保险人放弃对第三者请求赔偿的权利的,保险人不承担赔偿保险金的责任”。

所以,对于出口企业而言,虽然看似及时收回了货款,避免了更大的损失。但从规则角度来看,违反了《保险法》和《保险条款》的规定,影响了保险人的权益,最后的结果无疑是"费力不讨好"的。故,在处理相类似的事件时,要有清晰的规则意识,若是有可能影响保险人合法权益的,应当及时与保险人进行协商与沟通,避免造成后续保险理赔困难。